人の輪の中にスッと入れる話し方

野口 敏

三笠書房

なんだかいつも
私だけ浮いている気がする
人の輪に入るのって
どうしたらいいの…？

はじめに

他人と「あっという間」に結びつく力をつける本

この本は、つい人見知りをしてしまう人が、知らない人たちの集まりや新しい環境に入っていく時の不安や戸惑いをなくすための方法をお教えする本です。

つまり、**「人の輪の中にスッと入っていくためのコツ」**がわかる一冊です。

人の輪の中に入るために、あなたがこれから身につけるのは、**初対面の人とでさえも、あっという間に心が通じて結びつき、温かい関係を作る力。**

この力を身につければ、知らない人たちの中に入っていく不安がなくなり、もう人見知りすることもなくなります。

三人以上で会話をする時にも、戸惑うことがなくなるでしょう。

あなたが「やあ」と言えば、相手もにっこり笑って「やあ」と言ってくれるようになります。


これまでの人生で、あなたも「感じのいい人」に出会ったことが何度もあるでしょう。また、その人が部屋に入ってきたとたんにキラキラと輝いて見えて、

「どんな人なんだろうか」

「一度お話をしてみたい」

と感じた人がいるはずです。

あの人たちは、実は体から「何か」を発しています。その「何か」を感じて、あなたは素敵な人だと思ったのです。

その「何か」をあなたも放《はな》てるようになると言ったら、信じてもらえるでしょうか。

その「何か」の正体を知った時、あなたの他人への接し方は必ず変わります。

一気にあの人たちの領域に近づくのは無理でも、

「あ！　なんか素敵な人。お近づきになりたい」

と感じさせる人になることは可能です。

そうなれば、職場でのランチや、たまにある飲み会で一人でぽつんと浮いてしまうことはありません。

あなたが何もしなくても、向こうから声がかかります。

さらには人の輪の中に入ることを最もむずかしく感じる、「すでに人間関係ができ上がっている集団」にでさえ、難なく加われるようになります。

たとえば、新しい職場や異動になった部署に溶け込むことも、自然にできるようになります。

また、初めて参加することになった習い事の場で、すでに参加している生徒たちの輪に入れてもらうことも、すでにでき上がっているママたちの輪に入れてもらうことも、今よりずっと楽にできるようになるでしょう。


たとえば、今よりも少し、上を向いて視線を上げて歩くこと。

それを意識するだけでも、人と視線が合い、接点が生まれるようになります。すると、いろいろな人から声がかかるようになり、人づきあいが増えるようになるのです。

顔を上げて、視線を合わせる。これが人とつながる最初の一歩。

これを心がけるだけでも、あなたの人づきあいは今よりもっと明るいものに変わります。

また、人の輪の中に入れたとしても、その後の会話にも不安を持つ人は多いはずです。たとえば、妻や夫の実家などで、家族の会話に入れてもらう時。上司に連れられて上司の同期たちの飲み会に行った時。

こんな場合は、誰でも緊張しますし、落ち着かないものです。まして蚊帳《かや》の外に追いやられたような状況に陥《おちい》ることにでもなれば、「来るんじゃなかった」と後悔もします。

また、友人とご飯を食べているところに友人の知人がやって来て三人で話をすることになったりしたら、戸惑ったりもするでしょう。さらには、その友人に電話がかかってきて席を外し、その知人と二人になった時などは、なんとも言えない気まずさを感じるものです。

このような時にも役に立つ、とっておきの話し方があるのです。

人とつながると、幸福を感じることが多くなる

「知らない人とは、挨拶《あいさつ》しないもの」

そんなトピックがＳＮＳに上がるほど、私たちの「初対面の人たちとつながる」ためのハードルは高いものになってしまいました。

でも、家族以外の人は、誰もが初めは初対面。お知り合いや友人になれたのは、どこかで**「つながり」が生まれる瞬間**があったのです。つながりの生まれる場が学校や職場に限られるのならば、私たちは人生でごくわずかな人としか知り合いになれないことになります。

袖振《そでふ》り合う程度の仲でも、「こんにちは」の挨拶でつながりを作れるようになれば、当然、知り合いも増えて充実した人生になることでしょう。友人も、恋人も、数多くの人々の中から選ぶことができます。

もう一つ、多くの人が知らない大事なことがあります。

相手が誰であれ、あなたが温かな気持ちで接すれば、あなたの心に温かな感情が生まれます。しかも、それだけではありません。

たとえば、あなたがお年寄りや妊婦さんに温かな気持ちで席を譲《ゆず》れば、相手はもちろん幸せを感じるでしょう。そして席を譲ったあなたは自分が生み出した温かな感情に加え、相手の幸せな気持ちにもふれることで、より大きな幸せを感じられるのです。

「人に温かく接すれば、自分が一番幸せになれる」とは、こういうことを言います。

ですから、**人間関係が豊かで、しかも他人に親切な人は、そうでない人よりはるかに幸せな日々を送れる**のです。

私は多くの人たちに、この「幸せのサイクル」を知ってほしいと思います。

WBC侍ジャパン優勝は「人の輪」の強さを教えてくれた

本書の出版前に、野球のWBCで日本が優勝したことが大きな話題になりました。

体格、筋力に劣る日本チームが優勝できたのは、まさに人の輪を上手に作り、監督の下、選手全員が一丸となって、大きなパワーを手にしたことが大きかったと多くの人が考えています。

初めて代表入りしたヌートバー選手が、メンバーの輪に溶け込めるよう全員が気を配ったお陰で、彼のやる気に炎が燃え立ち、その姿がチームを鼓舞しました。大谷翔平選手もダルビッシュ選手も、積極的にチームの輪を作ることに力を注ぎました。チームの雰囲気を見た時に、日本の優勝を信じた人も多かったはずです。

人間は力を合わせると、信じがたいパワーを発揮します。アニメや漫画には、よくそんな場面がありますが、あれは想像の産物ではなかったのです。

私たちもあの侍《さむらい》たちのように、職場の人や隣人、今日出会う全ての人たちと心を通わせ、一体となる行動を起こせます。

本書で納得できるところを実行していただければ、あなたの暮らしは、今よりもずっと幸せで、驚きに富んだものとなるでしょう。

「ああ！　生きているってこういうことか。知ってよかった」

と、あなたが叫んでくれますように。心を込めて本書をお届けいたします。

野口　敏

もくじ

1章 奇跡は「五メートル手前」から始まる
……「人の輪の中」にスッと溶け込むための基礎体力

2章

「無視されたらどうしよう」の克服法

……こうすれば「無愛想な反応」が返ってこなくなる！

3章

人の輪に入る自然なコミュニケーション

……目が合えば、心はきっと通じます！

4章 人の輪の中に「うちとける」話し方

……「何を話せばいいの？」と悩む必要はありません

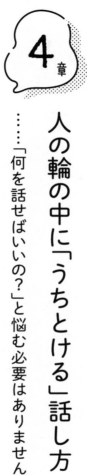

5章 話の中にどうやったら入れるの？

……これでスッと入れて、なじんでしまう

6章 「ポツンと一人」の誰かを見かけたら

……「人の輪に入れない人」を助ける時がやってきた!

7章

「感じのいい人」に必ずなれる習慣

……一日一分で、コミュニケーションが変わる!

8章 「幸せ光線」出してみませんか？

……「いいこと」が次々起こってしまう話し方

イラストレーション　くにともゆかり

1章

奇跡は「五メートル手前」から始まる

……「人の輪の中」にスッと溶け込むための基礎体力

1

「視線を上げて歩く」だけで、いいこと続々！

人の輪の中にスッと溶け込むための第一歩。

それは、**視線を上げて歩くこと**。かつて『上を向いて歩こう』という歌がありましたが、視線を今より少し上げて、前を向いて歩くことを意識してください。イメージとしては、「水平線が見える程度の高さ」まで視線を上げてください。

そうすると、人の顔がよく見えるようになるでしょう。そして、あなたの顔も他人からよく見えるようになります。

道を歩く時、電車やエレベーターに乗降する時、会社の出退勤の時などに、うつむかずにしっかり顔を上げているようにします。

あなたが頑張るのは、それだけ。これ以上、何かをすることはありません。

でも、それだけでとても「いいこと」があなたを待っているのです。

間違いなく言えることは、**人との接点がびっくりするくらい増える**こと。

「おお！　○○さん、おはよう」と声がかかることが増えて、「さっき、駅で見かけたよ」と言葉をかけられたりするかもしれません。

初めは声をかけられることを恥ずかしく感じるかもしれませんが、だんだんそれがうれしくなっていくはずです。人に声をかけてもらうと、いろいろな人と「心がつながっていること」を実感できます。きっと、ほのぼのとした喜びを感じるでしょう。

「私はここにいます」と伝える効果

「今まで友達ができたことがない」

と相談をしてきたある女子大学生に、「大学構内を顔を上げて歩いてみてください」とアドバイスをしたことがあります。

翌週、彼女は満面の笑顔でこう言ってくれました。

「大学のエレベーターから顔を上げて出ていったら、同じ講義を受けている女性から

〝お疲れさま〟と声をかけられて、そのままランチに行けました。帰りも一緒に帰ったんですよ」と。

こんなに早く結果が出るなんて、私もびっくりしたものです。

歩いている時、たぶん多くの人が視線を地面かスマホに向けているのではないでしょうか。

でも、顔を上げて歩くだけで、

「私はここにいます」
「お近づきになりましょう」

と伝えることができるのです。

この「顔を上げて歩く」ことの積み重ねで得られた人間力が、あなたを人の輪にスッと溶け込ませてくれる「基礎体力」となるでしょう。

2

「小さなリアクション」で知り合いが増えていく

さて、慣れないことに取り組む時には、かなりのエネルギーを使います。

ですので、「顔を上げて歩く」という習慣を身につけることに挫折《ざせつ》しないためにも、無理をせず、初めは「自分があまり頑張らなくてもできること」から取り組んでいきましょう。

顔を上げて歩くことを意識するようになると、うつむいて歩く人がとても多いことに気がつくはず。「自分も昨日までは、あんなふうに歩いていたのか」と愕然《がくぜん》とするかもしれません。

同時に、顔を上げて歩く人がいることにも気がつくでしょう。

そういう人たちは、「人とコミュニケーションを取ることは素敵なことだ」と知っている人たちです。

これからあなたは、そういう人たちとお近づきになっていきます。

顔を上げて歩くようになるだけで、家の近辺や会社の中で、ひんぱんに会釈《えしゃく》をされたり、「おはようございます」「こんにちは」と声をかけられたりするようになります。

そういう機会が増えていきますから、あなたも**小さなアクションを起こす心づもり**をしておいてほしいのです。

ふだんより少し大きめの、やわらかい声で「こんにちは」

せっかくまわりの人たちが、あなたに会釈や挨拶をしてくれるのです。ここは「返事をするぞ」と心に決めておきましょう。それも**ふだんより少し大きめで、やわらかい声**で返事をするように意識してみましょう。

準備ができていれば、ふいに声をかけられても、きっと挨拶を返せるはずです。

そんなに親しくない人が「おはようございます」と声をかけてくれた時に、余裕を持って「おはようございます」と明るく返事のできる人になれたら、いろいろなバックグラウンドを持つ人たちと心を通じさせる経験ができます。そうした経験は、とても温かな思いをあなたに運んでくるでしょう。

そして、これまでは会釈をするだけの間柄だった人にも、これからはぜひ、

「おはようございます」

「こんにちは」

「お疲れさまです」

と声に出して挨拶をしてみてください。

次からはきっと、相手もあなたに温かい言葉をかけてくれるようになります。

あまり親しくない人とも気持ちが通じるとわかり、それはとても気分がいいことだと信じられるようになれば、人の輪の中に自然と入るためのウォーミングアップができた、ともいえるでしょう。

3
「感じのいい返事」が相手から返ってくるコツ

顔を上げて歩くことが習慣になり、これまであまり言葉を交わしてこなかった人たちとのコミュニケーションが増えれば、毎日がグッと楽しくなるものです。

すると、あなたの中に、
「もっと積極的にたくさんの人と知り合いたい」
「友達を増やして幸せな気持ちを実感できる生活を送りたい」
という気持ちが生まれるかもしれません。

そうなったら、ぜひ試していただきたいことがあります。

顔を上げて歩くことで他人とのコミュニケーションの糸口ができたら、そこからもっと能動的に、人とうちとけて「いい関係」を作ってほしいのです。

「無視されたらどうしよう」の不安にさよなら

日本人のほとんどにとっては、よく知らない（返事が返ってくるかどうかわからない）人に、自分から「こんにちは」と笑顔を向けることは大変むずかしいことでしょう。

でも、もしそんなことが自然にできたら、人間関係がどれほど広がるかを想像してみてください。

この時に心配なのは、せっかく勇気を出して言葉をかけたのに、無視をされたり、思ったほどの反応が返ってこなかったりという、冷たい対応をされることです。

でも、安心してください。

これからお伝えする方法ならば、あなたが声をかければ必ず「いい反応」が返ってくるはずです。

なぜなら、最初のうちは「感じがよくて、つきあいやすい人」を選んで声をかけるからです。

人間関係の力をつけるには、成功体験が大事です。

ですから、これからお話をする他人へのアプローチ方法は、まず**返事が返ってきそうな人をターゲット**としてください。

あなたの働きかけに「感じのいい返事」がもらえたら、モチベーションがさらに上がるからです。

次から、その方法をお伝えしましょう。

4 挨拶するなら「五メートル手前」がポイント

では、「親しくない人と失敗することなくコミュニケーションを取る方法」の始まりです。

ご近所の人だけど、あるいは職場で関係のある人だけど、挨拶をしたことも、話をしたこともない人が向こうから近づいてきた！

感じのよさそうな人だし、「挨拶できたらいいな」とあなたは思います。

こんな時はまず、あなたが顔を上げて歩くことがスタート。この時に、相手をじろじろと見てはいけません。よく知らない人からじろじろ見られたら、誰だって怖いですから。

十メートルぐらいの距離まで近づいたら、視線は相手の顔の横一メートルぐらいのところにぼんやりと向けます。「ぼんやりとした視線」というのがポイントで、これだと相手にプレッシャーをかけません。

ここで相手の対応は二つに分かれます。うつむいて歩くか、顔を上げて歩くかです。視線を落として歩いていた時には気づくこともなかった、**「生きる姿勢の違い」**に、びっくりするかもしれません。

あなたが挨拶するのは、もちろん顔を上げて近づいてきた人。

二人の距離が五メートルぐらいになったら、視線をぼんやりと相手の顔あたりに向けてみましょう。

すると、相手もあなたのほうを見るのを感じる時があります。

その時がチャンス！

そこから「おはようございます」とか、「こんにちは」と言ってみます。

そう、**「五メートル手前から」というのが大事なところ**です。

おそらく相手からも「おはようございます」や「こんにちは」が返ってきます。

これはけっこう、うれしい出来事ですよ。あなたも相手も思わず笑顔になります。

この時に、あなたの心にじんわりと幸せな気持ちが広がっていきます。どうぞ、それをじっくり味わって楽しんでください。

「人とすぐに知り合いになれる人」の秘密

実は、世の中には「できれば様々な人たちと心を通わせたい」と思っている人が、たくさんいるのです。

そういう人たちはたいてい、他人とのコミュニケーションを求めて顔を上げて暮らしています。

だから、そんな人に挨拶の言葉をかけると、必ず返事が来るわけです。

「人とすぐに知り合いになれる人」たちは、顔を上げて暮らすことで人とのつながりを作っていたのですね。

5

「言葉を交わすゆとり」を作るのがミソ

五メートル手前から挨拶をしてもらうと、相手にも対応するための余裕ができます。

「挨拶された」↓「どんな人だろう」↓「感じのいい人だ」↓「自分も挨拶を返そう」

こんなふうに考えるゆとりができるのです。だから相手もひと呼吸置いて、「こんにちは」と返事ができて、あなたと気持ちを通わせることができるのです。

さらに、「感じのいい挨拶」を交わすと「心のつながり」を感じるので、ほんのひと言でも話をしてみようという気持ちも生まれます。

何しろ五メートルの距離の余裕がありますから、言葉を交わすゆとりだってあるのです。

可愛いワンちゃんを抱いている人とすれ違う時は、「可愛いワンちゃんですね」と言うこともできます。

仕事に出かける様子の人には「行ってらっしゃい」と言えば、「ありがとう」と返事をしてくれることもあるでしょう。

こうして一度言葉を交わせば、お互いにもう「顔見知り」。次に会った時には、もっと気さくに挨拶ができますし、時には立ち止まってお話をするかもしれません。

これにて「人間関係が一つでき上がった」ともいえるのです。

思ったより「声をかけるタイミング」は早いもの

五メートル手前というと、初めは戸惑う人も多いはずです。「声をかけなくては」とプレッシャーを感じて、つい声をかけるのが遅れ、「すれ違いざま」の挨拶になってしまうかもしれません。

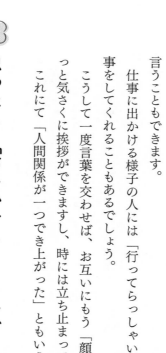

向こうから歩いてくる人に声をかけるタイミングは、思ったよりも早いものです。そして、「五メートル手前の挨拶」に、後の章（7章）でお話をする「笑顔と明るい声」が加われば、もう「鬼に金棒」。

相手も必ず笑顔で接してくれます。

これが**能動的に人とうちとけて「いい関係」を作っていくための基本**です。

他人と自然にうちとける経験をしていくと、なんともいえない充実感と幸せを感じるようになりますよ。

ちなみに、顔を伏せて近づいてくる人には、初心者のうちは声をかける必要はないと思っていただいて結構です。返事がないと傷つきますし、次にチャレンジするモチベーションも落ちてしまうでしょうから。

6

「あれれ？　心が通じないぞ」は、なぜ起こる？

「同じマンション、同じ職場の人にちゃんと挨拶はしている。でも、そこから話を始めたり、仲良くなったりすることはないから、なんだか味気ない……」

「あれれ？　せっかくこちらは仲良くなろうと思っているのに、心が通じないぞ」

そんなふうに感じることも多いでしょう。

コミュニケーションがいい形で広がっていかない時、そこには、やはりもっともな理由があるものなのです。

こちらから挨拶をしているのに、相手からフレンドリーなリアクションが返ってこないのはおそらく、「こんにちは」と声に出すタイミングが遅いからだろうと思います。

それまであまりつながりのなかった人に挨拶する時は、たいていの人がおっかなびっくり。声も小さめで視線も下向き。そしてタイミングも相手とすれ違いざまとなることが多いはずです。

相手からすると、「あ！　挨拶された」と気づいた時には、あなたはもう通り過ぎていて、挨拶を返すのもむずかしいですし、まして一言二言、言葉を交わす余裕などあるはずもありません。

これでは、親しく言葉を交わし、心を通じ合わせることは無理でしょう。

もっと気軽に「お知り合い」になってもいい

五メートル手前で挨拶するとなると、相手の反応が冷たかった時のことを考えて気後れしそうになるかもしれません。でも、多くの人と心を通じ合わせたいのならば、そのリスクを受け入れる覚悟がいります。

ですが、「五メートル手前からの挨拶」で冷たい対応を受けることは少ないので、どうぞ安心してください。

ちなみに、私はすれ違いざまに挨拶された時は、くるりと振り返り、全身を相手に向けて、相手に聞こえる程度の声で「こんにちは」と言うようにしています。

するとと、相手ももう一度こちらを向いてくれることがほとんど。その時に、ちょっとでも言葉を交わせたら、あなたとその人は、もう次からは「お知り合い」です。

お店にお勤めの方、実践したら効果に驚きますよ

五メートル手前からの挨拶は、近所の顔見知りの人たちや同じ職場の人だけでなく、飲食店やショップでお客様をお迎えする時やお見送りする時にも有効です。

「いらっしゃいませ」や「ありがとうございました」の言葉を背中で聞くのは寂しいものです。

ですから、お店にお勤めの方は、ぜひ五メートル手前から「いらっしゃいませ」や「ありがとうございました」の言葉をお客様の顔を見て言ってみてください。

それだけで、お客様が商品を購入してくれる率や、リピートしてくれる回数、そして定着してくれる割合も上がることをお約束しましょう。

7 ドキドキしたら、チャレンジはやめてもOK

自分からフレンドリーに挨拶することに不慣れな人が、ここでお話をしたコミュニケーションにチャレンジする時は、かなりドキドキすることと思います。

もしドキドキがきつかったら、チャレンジはやめてかまいません。

ドキドキしたままで挨拶をすると、声は上ずりますし、表情も固くなります。それでは相手を緊張させてしまい、いい関係を作ることはできないでしょう。

まずは、「五メートル手前からの挨拶」にチャレンジしようとした自分をほめてあげてください。

それだけでも、あなたは十分に成長したのです。

初めてのチャレンジは、成功のうちに終えたいものです。ですから、相手をきちんと選びましょう。

おすすめは、年配のご婦人です。

彼女たちは人生経験も豊富で、人間同士は温かい挨拶をするものだと思っている人が多いからです。

ですから、あなたがドキドキしながら「こんにちは」と言ったとしても、彼女たちはそれを優しく受け止めてくれて、

「あら、こんにちは。お出かけ？」

などと返してくれるでしょう。

こんな優しい対応をされたら、誰しもうれしいものです。

どうかその喜びを忘れず、いつかあなたも他人を優しく受け止められる人になって、誰かの成長を支える側になってください。

成功体験を積めば、表情も声もやわらかく温かくなる

初めは誰だって、知らない人に声をかける時は緊張します。

しかし、そういう体験を重ねて、「他人は意外と返事をしてくれる」ことに気づくと、気持ちも落ち着いてきます。

すると、あなたのコミュニケーションは穏《おだ》やかで温かなものに成長していきます。

この**人としての穏やかさ、温かさが、人の輪の中に溶け込む力、人とつながる力となる**のです。

ゆっくりじっくり経験を重ねていきましょう。

8

「いつの間にか仲良くなっている」人たちの秘密

　ある生徒のお話です。

「ある時、習い事に参加しました。全員が初参加で、これなら輪の中からはじき出されることはないと安心していたのです。

でも、レッスンが始まる前にトイレに行って帰ってきて唖然《あぜん》。私の隣に座っていた人と、その隣の人が、もう仲良くなって話が盛り上がっているのです。

そこに私が入る余地はありませんでした。いったい、いつの間に仲良くなったのでしょうか」


　おそらくこの二人は、顔を上げて生活する人たちで、

「私、いつでもお話しする人を待っていますよ」

というサインを出していたので、一瞬のアイ・コンタクトで結びついたのでしょう。

全く知らない人たちの集まりの中でも、コミュニケーションがうまい人たちは、いつの間にか仲良くなっていますよね。

あれは「コミュニケーションしますよ」というサインを出すのも、そういう気持ちでいる人のサインをキャッチするのも、上手だからです。

人見知りの人たちがうつむいている間にも、彼ら・彼女らはサインを出し、またサインを受け取り、あっという間に仲良くなっていたというわけです。

素直に「もう仲良くなったの！」と言ってみる

先ほどの生徒も、トイレから戻ってきたタイミングで、

「あら！　もう仲良くなっているの。うらやましいわ」

と素直な気持ちを言えればよかったのでしょう。

「私もお話しさせてもらっても、いいかしら？」

とダイレクトに言うのもいいですね。

人見知りの人は、「もし相手が迷惑だったら」と、つい不安になってしまいます。でも、もし迷惑だったら、相手の態度でわかります。「その時は退散すればいい」という気軽な気持ちでいればいいのです。

でも、そういう心配はほとんど杞憂《きゆう》に終わるものなのです。

9

視線を上げると、幸福と希望が見える

「上を向いて歩くだけで、気持ちが明るくなってきて、会社に行くのも前ほど苦ではなくなりました！」

そんなうれしい報告をくださる生徒がいました。

実は視線を上げて遠くを見たり、視界を広く取ったりすることは、心にとてもいい影響を及ぼすのです。

まず、うつむいて歩くと、心にはどんな影響があるのか。

うつむいてアスファルトの道に視線を落とすとは、「近くを見る」ということ。

すると心に浮かぶのは、「過去のこと」と「嫌な思い出」になりがちなのです。

ウソだと思うなら、試してみてください。

視線を落とすと、

「他人に言われたイヤなセリフ」

「自分が人を傷つけてしまった言葉」

「やってしまった失敗」

「かなり前の忌《い》まわしい記憶」

などが心に浮かんできやすくなります。

反対に、**顔を上げて遠くに視線を向けていれば、心に湧いてくるのは、「未来のこと」と「楽しいこと」**になります。

きっと、

「新しいアイデア」

「友人を誘って行きたい場所」

「好きな人の笑顔」

などが浮かんでくるでしょう。

ついでながら、歩く時は、歩幅《ほはば》も大きくして、胸を張ってみてください。

他人から見て「声をかけやすい人」に大変身

もし歩いている時に、無意識にうつむいてしまい、イヤな思考に陥っていると気づいたら、すぐに顔を上げてください。

心の中は、あっという間に未来のこと、希望で溢《あふ》れ返ることでしょう。

あなたの表情は明るくなり、他人から見ても幸せな雰囲気をまとうことになります。

目に見えるものも、うつむいている時はアスファルトに落ちたゴミやタバコの吸い殻《がら》だったものが、顔を上げたとたんに青空や流れる雲、太陽の光、道端《みちばた》に咲く一輪の花に変わっていきます。

「夕焼けがきれいな季節になったのだな」と、ふと思うことも増えるでしょう。

その時、あなたは**他人から見て、とても声をかけやすい人**に変身しているのです。

コラム

「大きな感激」は「小さなふれあい」から生まれる

人とふれあうことは楽しいものです。それは人生に潤《うるお》いをもたらし、人を知れば知るほどあなたは魅力的になれます。

もう二十年以上も前のこと。

私は仕事を終えて電車に座っておりました。そこに中国人の親子四人が乗ってきました。若い両親と幼い男の子の兄弟です。

六人掛けの座席でした。私の隣に父親、その隣にまだ二歳ぐらいの男の子。正面の座席に母親と五歳ぐらいの男の子が座りました。

きっと疲れていたのでしょう。両親とお兄ちゃんはウトウトし始めました。ただ弟だけは、起きたままで、あたりをキョロキョロしていたのです。

とても可愛かったので、ウトウトする父親をはさんで、私はこの男の子に手を振ってみたりして、相手をしておりました。

男の子は、人懐《ひとなつ》っこい笑顔を向けてくれました。

やがて電車は彼らの目的地に着き、両親と兄、その後ろから弟が私の前を通り過ぎていきます。私がまた弟に手を振ると、彼は笑っていました。

すると父親が振り返り、息子に手を振る私と目が合ったのです。親しみを感じて頭を下げる私。すると父親もおじぎをしてくれました。

少しほっこりして彼らの行方《ゆくえ》を眺《なが》めていましたが、雑踏《ざっとう》に紛《まぎ》れてその姿は見えなくなりました。


やがて発車のベルが鳴り、降りた人々も三々五々散っていきます。すると、私の視界にあの親子四人が飛び込んできました。ドアの外に立っているのです！

出口がわからないのではと心配しましたが、そうではありませんでした。四人が私を見て手を振っているのです。

「まさか！」私の心に衝撃が走ります。思わず立ち上がり、大きく手を振りました。

そして「どうか日本で成功を」と祈ったのです。

見も知らぬ外国の方と一瞬にして心が通じたことに、なぜか涙が溢れてきました。他の乗客は、彼らと私が知り合いだと思ったでしょう。

私は死ぬ間際《まぎわ》にも、きっとこのことを思い出して、「生まれてきてよかった。いい人生だった」と思うはずです。

人とふれあう。ほんの少しコミュニケーションをしてみる。

そこに大きな感激が待ち構えていて、もしかするとこれが、**人が生きる意味**なのではと教えてくれるのです。

2章

「無視されたらどうしよう」の克服法

……こうすれば「無愛想な反応」が返ってこなくなる！

1

「人に話しかける」のを怖く感じるワケ

誰かに初めて「こんにちは」と言う。

ただそれだけのことなのに、何がそんなに怖いのでしょうか。どうすれば、その恐怖を克服できるのか。

そのためには、あなたが「恐れているものの正体」を具体的に知ることです。

すると、気持ちがかなり楽になるでしょう。

加えて、あなたが相手の目にどう映っているのか、相手はどんな気持ちなのかを知り、自分の恐れにどう対処すればいいのかを知ることができたら、もう**人見知りは卒業**できます。

「人に話しかけるのが怖い」――その恐れの正体は**「拒絶」**という、人間が最も嫌う相手の反応です。

せっかく勇気を出して「こんにちは」と言っても、無視されたり、無愛想な対応をされたりするのではないか。冷たくされるのではないか。

そう思うと、他人に話しかけるのが怖くなってしまう。

そんな恐れによって、私たちは、他人に気軽に話しかける勇気を奪われてしまうのです。

たとえば、子供の幼稚園の会合に出かけたとします。教室に到着すると、すでにママたちの輪がいくつかできていて、自分一人が取り残された気分になります。

その輪の一つに入りたいのであれば、

「こんにちは。私、○○っていいます。みなさんの輪の中に入れてください」

と言えばいいだけの話です。

でも、そんなことをしてシラーッとした視線を向けられたり、冷たい態度を取られたりしたらと思うと、ためらってしまいます。

「冷たい対応」をされても実害はありません

知らない人に話しかけるのが怖いのは、無視されること、冷たい対応をされることを恐れるから。

このことをはっきり知るだけでも、知らない人に声をかけることへのアレルギーはずいぶん和《やわ》らぎます。

無視も冷たい対応も、あなたの生活に何らの影響も与えません。あなたに実害はないのです。

今度、誰かに挨拶しようとした時、心に抵抗が生まれたら、自分自身に、

「これは無視と冷たい対応をされたらイヤだという恐れなんだよ」

と話しかけて、気持ちが萎縮《いしゅく》している自分を励ましてあげてください。

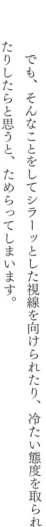

2

知らない人に会う前の「イヤな気分」の正体

あなたが会社の廊下を歩いていると、顔は見たことがあるけれど親しくはない人が、向こうから近づいてきます。

この時、「挨拶したほうがいいかな、でも話したこともないしな……」と心にためらいや、ちょっとした抵抗感を覚えるのは、仕方のないことです。

前の項目で、「知らない人への抵抗感は、自分が冷たい対応を受けるのではないかという恐れからくる」とお話をしました。

しかし、そうはいっても、こうした場面で嫌悪感に似た、イヤな気持ちを感じる人も多いことと思います。

そして、それは相手のせいだと、つい思い込みがちです。

ところが、それは相手のせいではありません。

自分が他人を拒絶している、その気持ちにふれたことで起きる嫌悪感なのです。

「拒絶されたらイヤだから、先に拒絶してやる〜」

人は他人からの拒絶を恐れています。ですから、他人に拒絶されないようにするために、ある防衛手段を使っています。

それが、「自分から積極的に他人にメッセージを出さないようにすること」です。

具体的に言いますと、無闇《むやみ》にアイ・コンタクトを取らない、笑顔を向けない、明るい声で話しかけない、はっきりとした身振り手振りで人に接しない、という態度を取ること。

自分からメッセージを出さなければ、決して拒絶されることはないということです。

それは、

「拒絶されたらイヤだから、先に拒絶してやる〜」

ということ。

人見知りの人が他人に見せる防衛的な態度ですが、これは相手から見ればとても感じが悪いことです。

あのイヤな気分の原因は、自分の中にあります。

今度、人とふれあう前に抵抗感や嫌悪感があると気づいたら、自分にこう言い聞かせましょう。

「この嫌悪感は、自分に相手を拒絶する気持ちがあって、その気持ちにふれたから起こっているのだ」

と。すると、相手に申し訳ない気分にもなって、人にもっと優しく対応できるようになるでしょう。

人に優しく振る舞えるようになれば、相手の態度も和らぎます。これが人とつながる力になり、人の輪にスッと溶け込む力につながっていくのです。

3 あなたも相手から見ると「怖い人」かも？

人見知りの人は、他人がとても恐ろしく見えます。そして自分はか弱いと感じ、いつも被害者のような気分でいる人も多いことでしょう。

ところが、相手から見ると、あなた自身も「怖い人」かもしれません。つまり、相手を受け入れず、拒絶するメッセージを発信しながら暮らしているかもしれないのです。

人見知りの人は特に、他人を見事に拒絶しながら暮らしている可能性があります。

次に挙げた態度に、心当たりがないでしょうか。

- 相手の顔を見ないようにしている

- 表情が硬い
- 声が低くて小さい
- 身振り手振りは使わない

これらは、すべて相手を不安にさせてしまうものです。「あなたと言葉を交わしたい」「お近づきになりたい」という意思表示が全くないのです。

人見知りの人は、自分が人を拒絶して、相手を不安にさせているとは思ってもいないかもしれません。

でも、相手の顔を見ず、表情は硬く、声は低くて小さく、身振り手振りもない人は相手から見ると、見事に「怖い人」です。

「まさか。自分のような無力な人間が他人を怖がらせるなんてありえない！」

そう思うのならば、小さな子供に「こんにちは」などと声をかけた時のことを思い出してみましょう。

子供ですから無視したり、親の背後に隠れたりすることもあります。その時、大人は「あら」などと言って笑っていますが、心の中では「感じの悪い子ね」と傷ついています。子供に無視された時ですらこうなのですから、大人が拒絶的な態度を取れば、他人が傷つくのも当然でしょう。

まずは自分から「相手を受け入れる」

「私、あなたとお近づきになりたいです」
「私、あなたをしっかり受け入れますよ」

ということを、相手の顔を見ながら、笑顔で、そして明るい声で、手を上げるなどのボディ・ランゲージも加えて相手に伝える。

これで相手はようやく安心できます。そうなって初めて**人の輪の扉が開く**のです。

相手も人間です。自分が拒絶されることなど望みはしないでしょう。

人の輪に溶け込むのが苦手な人は、「私は他人を受け入れている？　それとも拒絶している？」と自問し、自分を客観的に眺めてみてはいかがでしょうか。

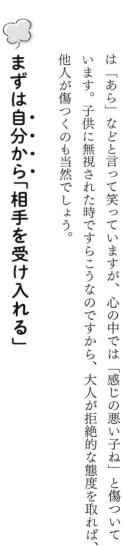

4

「無関心な態度」で相手を傷つけない

自己肯定感が低い人は、他人の態度が怖いものです。

「自分など取るに足らない人間だから、みな私を受け入れようなどとは思わないだろう」

「私なんて、どうせ冷たい態度を取られるのだ」

そんなふうに思い、心細く不安な思いで世間《せけん》を渡っているのではないでしょうか。

ここで朗報です。

あなたから見て、自信満々に見える人、人生の成功者と呼ばれる人、社会的地位がとても高い人。

このような「他人のことなんて、ちっとも怖くはないんだろうな」と思える人々も、あなたから受け入れてもらえることは大きな喜びなのです。

そして、もしあなたに拒絶されたり、否定的な言葉を投げられたりしたら、とてもイヤな気分になるのです。時と場合によっては、人生のトップテンに入るほどの悲しみにならないとも限りません。

テレビに出ているイケメンや美女たちも、二刀流のスーパースターも、総理大臣ですら、あなたと同じようなことで不安を覚えたり、喜びを感じたりするのです。

そう考えると、勇気が出てくるでしょう。

半径二メートルから「温もり」を広げていこう

あなたは、世界中の人々を幸せにする力も、不安にする力も両方持っています。どうせなら、幸せにするほうを選びたいはずです。

あなたが笑顔を向けて明るい声で「おはようございます」と言えば、相手はたちまち心が温まり笑顔になれます。

あなたが他人に無関心で、軽く会釈するだけなら、その人たちの心は縮んでしまうでしょう。

そして、あなたの善《よ》き隣人たちも、あなたと全く同じ思いで暮らしているのです。

私たちが他人にもう少し関心を持って、自分の心に温もりを呼び出し、「おはよう」や「こんにちは」の挨拶を言えたら、家庭も会社も社会も、もっと幸福になれるのです。

まずはあなたの近辺、半径二メートル以内にいる人たちに**温《ぬく》もりのある言葉**をかけてみてください。

5

人はあなたの「ここ」しか見ていない？

「自分は学歴もない。たいした収入もない。顔もふつうで背もふつう。

人に誇れるものなど何もない。

だから他人と会った時は、どうしても気後れしてしまい、目を合わせるのも避けたい気分だ」

そんなふうに自信のない思いでいるあなたに、ぜひともお伝えしておきたいことがあります。

それは、ほとんどのコミュニケーションにおいて、**気後れなんてしなくても大丈夫**です、ということです。

なぜなら、人があなたを見る時、「どれくらいの資産を持っているか」「賢いのか」

「家柄はどうか」などと考えるはずがないし、わかるはずもないのだから。

もちろん、視覚情報から、「イケメンだな」「きれいだな」程度のことは思うかもしれません。

ですが、人が特に初対面の相手に対して気にするのは、間違いなくこの一点。

「あなたは私にどんな態度を見せてくれるの？　私を受け入れてくれるの？　拒絶しないでね」

です。

「自信のある素敵な人」に一瞬で変わる方法

あなたが初めて会ったその人に、ちゃんと目を合わせ、微笑《ほほえ》んで、真正面から相対して、明るい声で「こんにちは」と言えたら。

そして、そこから温かな気持ちが伝わってきたなら、相手はあなたを「素敵な人」「自信のある人」と感じます。

人と接する時は、「目を合わせて微笑み、心に温かい思いを抱いて明るい声で挨拶する」。たったそれだけをすればよかったのです。
そこには、あなたの収入も、学歴も、勤めている会社名も、全く関係がありません。

反対に、「自分はダメな人間だ」「この人も自分をさげすんでいるのだろう」などと思い込み、うつろな視線、硬い表情、低く小さな声、背中を丸めて斜に構えた姿勢で接したりすれば、相手はあなたのことを「何て自信のない人なんだろう」と思うでしょう。

人間はいつも他人から受け入れてもらえるかどうかを気にし、受け入れてもらえたら心が喜ぶようにできています。

「目を合わせ、微笑んで、明るい声でこんにちは」を実践できたら、今日からあなたも「自信のある素敵な人」という印象を持ってもらえるのです。

6

自分を「丸ごと全部」見せてあげたらいい

誰かと会う時、そして人の輪の中に入っていく時に、ぜひ心がけてほしいことがあります。

それは、会った瞬間に、**自分を隠さず、丸ごと見せる**つもりでまっすぐ正面から向き合うこと。

背筋をピンと伸ばし、腕は組んだりせずに、体の両脇につけて、顔は相手によく見えるようにします。できれば、マスクは外したほうがいいでしょう。

「さあ、どうぞ見てください。あなたとお知り合いになりたいのです」というような表情で接することができたら、相手はあなたに尊敬に近い感情を持つでしょう。

自信が持てなくて、人と会うと萎縮してしまうような人にこそ、このような態度で人と向き合えるように頑張っていただきたいところです。

「自分は他人から見下《みくだ》される傾向がある」と感じている人は、自信のなさから来るその態度にこそ問題があると考えましょう。

自分の「資質」が見下されているのではなく、自分の「態度」に問題があったのです。

自分を見てもらう「二、三秒の時間」を作る

うつむき加減で猫背気味では、相手からは顔もその表情も見えません。

そんな自信のなさそうな人とは、仕事でおつきあいをする気持ちにもなれないでしょう。

そこで、気後れしそうな場面でこそ、背筋を伸ばして視線を相手にやわらかく向けて（決して対決するような視線ではなく）、自分を見せてあげます。

これは就活で面接官に相対する時、婚活で初めての人と会う時、また、結婚が決ま

り、お相手の家族に会う時にも忘れてはならない態度です。

自分を丸ごと見てもらう素直な勇気が、あなたの存在を大きく見せてくれるのです。

自信満々で振る舞う必要はありません。あくまでも自然に、「どうぞ見てください」という温かな気持ちで接してください。**相手に自分を見てもらう「二、三秒の時間」**を作るのです。

その間、相手の視線に堪《た》えられたら、あなたの印象はとてもいいものになり、その後の関係にも好影響を与えることになるでしょう。

7

「他人の顔色」をうかがってしまうのは仕方ない？

人類はその誕生以来、集団で暮らすことで過酷な環境を生き延びてきました。他の動物に比べて体格も貧弱で、足も遅く、尖《とが》った牙《きば》も、鋭利な爪も持たない人類は、常に襲われる側だったからです。

しかし、集団で暮らすことで外敵の襲来に早く気づけるようになり、生き延びる確率も上がりました。

また全員でエサを探すことで、食事にありつける確率も高まりました。

人類にとって集団で暮らすことは、まさに「生き延びるための手段」だったのです。

しかし、その集団から「出て行け」と追放されることもあったのではないでしょうか。それは、死を意味しました。外敵に襲われやすくなりますし、食料にありつける確率も大幅に下がるからです。

そこで私たちの祖先は、**集団に残っていられるように、他人の顔色をうかがう**ようになりました。

アイ・コンタクト、相手の表情、声の調子、身振り手振りなどで、「自分が集団のメンバーから嫌われていないこと」を確認して安心したのです。

それが今の私たちにも脈々と受け継がれており、時折私たちを不安にさせています。

挨拶はあなたの「優しい気持ち」が伝わるように

誰もが「拒絶されたらどうしよう」という不安を抱えています。だから、その不安を打ち消すために、私たちは挨拶をします。

太古の頃の挨拶は、お互いに「おまえは、うちらのメンバーだよ」と伝え合うものだったのかもしれません。あくまで私の想像ですが。

それが証拠に、人から挨拶をされると私たちは安堵《あんど》感を覚えます。

それは太古から続く拒絶（＝死）への不安が払拭《ふっしょく》されるからでしょう。

一方、拒絶される（無視される、冷たい態度を取られる）と、ケンカになりかねません。

私たちがいかに「大昔からの記憶」に支配されているかがよくわかります。

もし、あなたの子供に挨拶を教える時が来たら、「ちゃんと挨拶しなさい」と言うだけでなく、**「あなたの優しい気持ちが伝わるように挨拶しなさい」**と言ってあげてください。

子供はすぐにはできないかもしれませんが、それでもかまわないのです。その言葉が記憶に残って、やがて優しく温かな挨拶ができるようになるでしょう。

8

「人見知り卒業のチャンス」を奪ったのは誰？

「知らない人とは、口をきいてはいけませんよ」

子供の頃に、親や教師からこう言われた記憶のある人も多いことでしょう。この言葉が我々から「人見知り卒業のチャンス」を奪った元凶だと、私は感じています。

犯罪心理の研究者によると、実は犯罪者は、相手の顔を見て挨拶する子供のほうに気後れを感じるのだとか。

「知らない人と口をきいてはいけない」という教えには、全く意味がなかったようです。それどころかむしろ、「大人とうまく話せない子供」を大量に育てる結果になったのです。

大人たちは無責任だと私が感じるのは、その後、知らない人とどうコミュニケーションを取るかを一切教えなかったことです。

そのせいでしょうか。私は、都会の子供たちから、さわやかな「おはようございます」の挨拶を聞いたことが、ほとんどありません。

友達も恋人も「初めはみんな、知らない人」

子供たちは、見知らぬ大人とコミュニケーションする方法を習うことも経験することもなく成長します。ところが、彼らが就活を迎える頃になると、大人たちの言うことは一変します。

「就活の選考で企業が最も重要視しているのは、コミュニケーション能力です」と。

子供たちは、よく怒りませんね。

「知らない人とは、口をきいてはいけませんって言っておきながら、何の指導もなく突然そんなことを言われても」って。

「知らない人とは、口をきいてはいけません」というのは、「人を疑え」という教え。

でも現実世界では、疑わしい人はほんの一握《ひとにぎ》りで、自分を支えてくれる人のほうがはるかに多いもの。

人を信頼する方法は教えずに、子供たちを社会に放り出す大人の無責任さにはあきれるばかりです。

友達も恋人も配偶者も、初めはみんな、知らない人。

友達がいない人、結婚できない人が多いのは、**「人の輪に入る力」**が足りないからでしょう。

これからは子供たちに、「人を信頼する勇気」と「コミュニケーションの取り方」を教えてあげなければなりません。

特に、我が子が実社会で一人前にやっていくことを願うのなら、大人と丁寧語《ていねいご》で話ができるように、親は経験を積ませてあげる必要があるでしょう。

たとえば、親が友人を家に招いた時に、子供が積極的に話をするようにさりげなく促《うなが》す。買い物に子供を連れていった時に、お店の人に挨拶をさせる。話しかけられたら大人と同じように対応ができるように教える、など。

9 人生で「三万回の出会い」を生かせる人

ネットである記事が目に留まりました。

人生で出会える人の数は、平均すると三万人程度だというのです。意外に少ないので驚きました。

そのうち、職場や学校などで、わずかでも関係を持てる人が三千人。

さらに、親しく日常的に会話を交わせる人は三百人しかいないとありました。

ということは、私たちはその三百人の中から友を作り、恋人を探し、結婚することになります。仕事などで手を組む人は、もっと限られた人数になるかもしれません。

選択肢がそれしかないなんて、なんだか寂しいですね。

「この人！」と思った選りすぐりの人たちに囲まれよう

そして、どんな三百人に囲まれて生きるか、ということを考えると、**積極的に生きられる人と、人見知りの人の間には、大きな違い**が出てきます。

積極的に生きる人は、三万回の出会いの中で「この人！」と思った人に、自ら話しかけて知り合いになり、関係を深めることができます。

そして、その中から友達や恋人や仕事のパートナーを選ぶことができます。

つまり**三万人の中で、選《え》りすぐりの三百人と人生を生きていける**のです。人数も三百人より多いかもしれません。

そりゃ、毎日が楽しいはずです。

一方、人見知りの人は出会いが学校や職場に限られてしまい、しかも相手から声をかけてもらって初めて関係が生まれることが多いものです。

人数も、三百人よりずっと少なくなるはずです。何より、「自分の意思」を人生にあまり反映できず、声をかけてもらうのをひたすら待ち続けるしかないのが残念なところです。

「積極的に生きられる人」と「人見知りの人」では「人生の選択」の積み重ねから大きな違いが生まれることに、愕然とする人も多いでしょう。

せめて恋人や結婚相手は、数多くの中から選りすぐりたいものです。

どうぞ一刻も早く人見知りを卒業して、「選りすぐりの人たち」と過ごす、楽しく充実した人生を手に入れてください。

3章

人の輪に入る自然なコミュニケーション

……目が合えば、心はきっと通じます！

1 まずはスタート時間より「十五分早く」到着

人の輪にうまく入れない人によくあるのが、その集まりや会合、イベントがはじまるギリギリの時間に会場に到着することです。

行こうと思えば早く行けるのに、なぜギリギリの時間に行くことになるのか。

それは、「多くの人が集まる場所に出かける」というプレッシャーから、つい気後れしてしまい、結果的に、いつも時間ギリギリになってしまうのではないかと、私は考えています。

たとえば、それが子供の幼稚園のイベントだとしたら、時間ギリギリに到着すればすでにあちこちで人の輪ができているでしょう。

中には、すでに話が盛り上がっているグループもあるでしょう。

そこに時間ギリギリになって現われた人を「あなたもお入りなさいな」と入れてくれる親切な人は、ごくごく少数かと思います。

また職場の飲み会であれば、お酒の場ということで余計にみなさん、話が盛り上がっているはず。

時間ギリギリに来た人や遅れて来た人の席は、末席も末席、はしっこのはしっこになってしまうでしょう。グループの中心人物たちはほぼ真ん中にいますから、スタートから話に入りづらい状況になってしまいます。

まずは、「時間ギリギリに到着」というパターンを変えなければなりません。

「できる人」ほど早めに会場に着いている

できれば、その**イベントが始まる十五分前には会場に着く**ようにします。

きっと、人もまだまばらで、人の輪もそんなにできてはいないでしょう。

なので、今度は、あなたが人の輪を作るイニシアチブを取れるのです。

私の生徒は勤務先で、あるプロジェクトチームに選抜されました。彼は私のレッスンを受けたこともあり、会議には一番乗りを心がけ、一時間前には会場に入るようにしたのです。

ここで彼が気づいたのは、こういう会議には、**できる人ほど早めに来ることが多い**ということ。

そのため、できる人たちで人の輪が作られていて、彼らとの雑談の中で、仕事にも大変いい影響を与えてもらえたといいます。

「そういう人とじっくり話をすると、自分に大いにプラスになることがわかりました」と彼。

「会議に早めに行くだけで、いい人脈ができて、すごく得をしました」とも。

彼の言う通り、どんなイベントでも、できる人、影響力のある人は早めに会場に着いているもの。

そういう人と知り合いになれるのも、「十五分前集合」のいいところです。

2

「顔を上げて」待つ。それだけで…

たとえば、まだ知り合いもいない幼稚園のイベントに出かけるとしましょう。そのような時は、ぜひ十五分前に会場に着くようにしてください。

そして、しっかり顔を上げて、集まってくる人たちに向けます。すると、自然と視線が合う人が出てきます。

そういう人には、十メートル手前から視線をロックオンです。

そして五メートル手前から「こんにちは」と明るい表情で声をかければ、もうあなたとその人はお知り合い。楽しく会話ができるでしょう。やがて自然とあなたを中心とした人の輪ができます。

まずは「心の距離」を縮める挨拶を

人の輪に入るのが苦手な人は、会話も苦手なもの。だから人の輪に入れないと思い込んでいるのではありませんか？

また、会話に苦手意識がある人は、十五分も前から話しはじめたら、話題が尽きてしまうのではという心配もあるでしょう。

その場合は、いきなり何かを話そうとするよりも、お互いの距離を縮めることに心を砕《くだ》きます。

もちろん、初めは「こんにちは」ですよね。

その後は、

「○○と言います。子供は○○組の××です。よろしくお願いします」

と自己紹介。

そして、

「早く来過ぎてしまいました。昨日から緊張して」

などと、自分が人見知りで困ることなどを少しほのめかしてみましょう。自分の弱みを上手に見せることは、人間関係をうまく作る秘訣《ひけつ》です。

そして、

「でも早く来たお陰で、○○さんとお知り合いになれて本当によかったです」

といった言葉がスムーズに言えるように心の準備をしておきましょう。こう言われたら誰でも悪い気はしません。

会話の内容については、次章で詳しく取り上げます。そちらも参考にしてください。

3 ドキドキの公園デビュー、うまくいくコツ

新米ママにとって「大きな難関」となって立ちふさがるのが公園デビューだとか。たしかに近所の公園に行くと、輪になって楽しそうに話をするママたちから離れたところで、子供と二人でぽつんとしているママさんを見かけます。

公園デビューも、やはり顔を上げてまわりにいるママたちに自分の顔を見せるのが第一歩です。決して「子供と二人の世界」に入り込まないこと。スマホも用事がある時以外は、カバンにしまっておきましょう。

他のママのほうに顔を向けて、目が合うようなら少し離れたところからでもいいので、「こんにちは」と言ってみてください。

実はたったこれだけで、もう話しかけてもらえることもあります。

アイ・コンタクトは、人間関係の窓ともドアとも呼べるもの。**目が合えば、心が通じるもの**なのです。

初回はただ「顔見知りになる」だけでも十分

最初に「こんにちは」と言ったところで、もう人間関係は始まっています。

そして、後日、公園に出かけた時に同じ人がいれば、また「こんにちは」と五メートル手前から挨拶してみましょう。今度は、相手からの返事に親しみが増しているはずです。

もし自分から話しかけるのが苦手で、これが精いっぱいというのなら、相手から話しかけてくれるのを待つのもいいでしょう。

もし勇気を出して思い切って言葉がけをするのなら、

「お子さん、うちの子と同じぐらいかな? うちの子は二歳になったばかりなんですよ」

などと子供を話題にしてみてください。

ママが人見知りなら、子供もやはり人見知りであることも少なくないもの。

ママが「いいお手本」を子供に見せてあげるのが、子供に対する教育の始まりにもなります。

「感じのいい挨拶」は見えない壁を溶かします

ここで紹介したコツは大学生になったばかりの人が教室で友達を作る時や、ジムに入会した人がそこで知り合いを作る時にも有効です。

「感じのいい挨拶」を何回か繰り返すと、それだけで互いの心にあった見えない壁は溶けてなくなり、いい関係が始まるものなのです。

「感じのいい人」になる方法は、大事なテーマでもありますので、後ほど一章を割《さ》いて説明します。どうぞお楽しみに。

4 飲み会の席、「どこに座るか」が決め手

会社の飲み会のように、日頃から顔なじみの人たちと集《つど》う場合は、もう少し気楽に人の輪を作ってみましょう。

「十五分前に会場に着いておく」のは、ここでも変わらぬセオリーです。

ここで私たちの社会のあちこちでよく見かける、ちょっと気になる行動にふれておきましょう。

最近、お店の入り口付近で人が固まって、誰も中に入らないという光景を時々、目にします。どうやら、「自分が会場に入る最初の人になりたくない」という心理が働いているようです。

リーダー的な人が来て「何をしているの？　中に入って」と促されて、ようやく中に入るという流れをあなたもよく見かけないでしょうか。

こうした集団はお店にも迷惑をかけますし、見た目にもカッコが悪いもの。この本を手に取ったあなたには、こうしたシチュエーションでは、ぜひ、堂々と一番乗りしてもらいたいと思います。

自分から「会話の口火」を切ってみよう

さて、お店に入ったら、はじっこの席を選んではいけません。その場所では、人の輪はできにくいものです。

上座《かみざ》は上司やリーダーに譲るとしても、真ん中付近の席につきましょう。そこが、いつも話の輪の中心となりやすいからです。

そして、みなが次第に集まってきたら雑談を交わします。

「何を話せばいいのか」と心配でしたら、**目から得た情報（見た目）を話題にする**ことを覚えておいてください。
私服の着こなしがよければ、

「私服、カッコいいね」

と言えば喜んで話をしてくれます。
リュックのデザインが他の人と違っているなと思ったら、

「それ最新の？」

と聞いて、

「私とはセンスが違うよね」

などと持ち上げてみます。

また、お店のメニューもいい話題になります。

「『肉汁ジュージューロース』って美味《おい》しそう」

「この、『秋の畑でとれた野菜さんたちの運動会』って、どんなのだろう」

と、そんな話をするだけでいいのです。

大事なのは、**自分から会話の口火を切る**こと。すると、まわりの人からグループの重要人物と認めてもらえます。

そして、これが「人の輪の主役」になるための条件にもなるのです。

5 婚活パーティで「素敵な人とお知り合い」になる方法

せっかくですから、**婚活パーティで素敵な方と知り合いになる作戦**もお伝えしておきましょう。

婚活パーティも、十五分前に会場に着いておくことがマストです。

中に入れるのなら、さっさと会場入りします。

この時も、スマホなど見ているふりをしては絶対にいけません。顔をしっかり上げて、入り口付近に目を向けておきます。

誰かが入ってきたら、男女にかかわらず、その人のほうをぼんやりと見ます。

視線が合ったら、軽く会釈して相手に聞こえる程度の声で「こんにちは」と言ってみてください。

この「気づかい」ができたら好感度アップ

この小さなコミュニケーションで、お互いの関係はもう始まっています。

「こんにちは」と言って、相手も「こんにちは」と返してくれたら、「野口といいます」と自己紹介。

「今日の服、お似合いです」

と、さりげなくほめることぐらいはできるように、日頃から男女を問わず相手をほめることを習慣にしておくとよいでしょう。

これで**「話しやすい人」という印象**を持ってもらえる確率が上がります。

その後、参加者が続々と集まってくることでしょう。できれば、あと二〜三人ぐらいに声をかけて、人の輪を作れるといいですね。

「ライバルが増えると困る」と考える人もいるかもしれませんが、輪の中に入れてあげるという「器の大きさ」「優しさ」に好感を持つ人もいることを忘れずに。

もう一つ大事なことがあります。それは、早めに着いたら**現場のスタッフとコミュニケーションを取ること**。

「**準備も大変なんでしょう。ありがとうございます**」

などとねぎらいの言葉をかけて、いい関係を作ります。スタッフに気に入られると、素敵な異性を紹介してもらえたり、いい評判を流してもらえたりして、婚活には大いにプラスになるのです。どんなところでも、「いい人間関係を作る力」があれば、まわりから支えてもらえるでしょう。

余談ですが、婚姻《こんいん》数がどんどん減っていることを思うと、もはや婚活は「個人の問題」として捉《とら》えるものではなく、温かく応援してあげる「義務」がまわりの人たちにもありそうです。もしまわりに婚活中の人がいたら、ここに書かれたコツをこっそり教えてさしあげてください。

6

「すでに人の輪ができ上がっている」なら…

「十五分前に会場に入る」というのは、知らない人たちの集まりに出なければならない時に、ぜひ心がけていただきたいことです。でも、いつもいつもそうできるとは限らないでしょう。

前の予定が押したりして会場に着くのが時間ギリギリになってしまい、すでに人の輪ができ上がっていた……なんていうことは大いにありえます。こんな時は、どうぞ間違っても、

「私、一人でも平気だも～ん」

という態度は取らないことです。

まずはセオリー通り、顔を上げて、すでにできている人の輪に向かってゆっくり近

づいていきましょう。

この時、穏やかな笑顔を向けることができたら、もう問題はありません。輪の中の誰かがあなたを見てくれたら、微笑んで、そして会釈。そして、「こんにちは」の言葉を明るく言えたら、もう人の輪の扉は開かれているはずです。

相手が「YES」と答えやすい質問でアプローチ

アプローチの言葉は、場所の確認など、相手がYESと答えやすい質問にするといいでしょう。

「〇〇の会場は、こちらで合ってますか？」

というものなら自然です。

相手が「そうですよ」と言ってくれたら、次は不安や心配を素直に表現します。

「みなさん、お早いんですね。人の輪がいっぱいできていたので、焦《あせ》っちゃいました」

こう言うと、その場にいる人たちの視線があなたに集まります。

この時、あなたに顔を向けてくれた**一人ひとりにアイ・コンタクトを送って、挨拶**することと。まとめて一回ですませようとしないでください。そして、

「こんにちは、野口といいます」

と自己紹介します。

人の輪とはいえ、**結局は、一人ひとりの集まり**です。そこには、一人ひとりの喜びと不安があるというもの。ですから、

「あの人には挨拶したのに、私には挨拶がなかった。笑顔じゃなかった」

と感じさせないようにします。

すると、あなたは輪の中に自然に溶け込んで、もう「お仲間の一人」になっているでしょう。

7

こんな言葉かけが相手にも「渡りに船」になる

どう頑張っても人の輪の扉が開かない時はあります。そんな時は少し焦るでしょうが、まずはその状態をじっと堪《こら》えることも必要です。

スマホはカバンの中にしまって、顔を上げていてください。

すると、あなたと同じ状況にある人が必ず見つかります。もしその人が、あなたと気が合いそうならば、その人のところに近づいていきましょう。

「こんにちは、私、野口といいます。人の輪からはずれてしまって、もしよろしければ、お時間までご一緒してくださいませんか？」

このように話しかければ、相手も渡りに船です。「ええ、もちろん」と受け入れてくれるでしょう。誰かの救いを待つのではなく、自分から積極的に働きかけるところがポイントです。

話しかけた相手に「連れ」がいた場合

時には「実は、知り合いがいて、もうすぐここに来ることになっています」と言われることもあるでしょう。

そんな時は、知り合いをもう一人増やすチャンスと受け取ってください。

連《つ》れの人が現われたら、

「お友達をお借りしてごめんなさい。私、野口といいます。お時間までご一緒してもかまいませんか？」

と聞いてみればいいのです。

もし連れの人が難色を示したり、いい顔をしなかったりしたら、「お邪魔《じゃま》してごめんなさいね」と気をきかせてその場を去ればいいでしょう。

もし、連れの人も含めて三人になったら、こっちのもの。

あなたの作った人の輪が大きくなればなるほど、集団の力が働きます。一人でぽつんといる人を招き寄せたり、よその輪と合流したりすることもできるのです。

あまり大きな輪にはしたくない人はこの限りではありませんが、人の輪の作り方がわかれば、輪の入り方にも精通することができます。

けっこう自信がつきますので、「誰かの救いを待つのではなく、自分から積極的に働きかける」ことを、あなたも一度試してみてはいかがでしょうか。

8 「新しい環境になじむ力」の身につけ方

新卒での入社、転職、異動などで、「新しい環境」に入っていく経験は誰にもあるものです。

この時、**「新しい環境」になじむ力**がないと、転職を繰り返したり、仕事に就《つ》けなかったりするので、人生にも収入にも悪影響が及びます。

会社の輪の中に溶け込む時は、その輪を一つの集団と捉えてはいけません。「一人ひとりの社員が集まったもの」と考えます。

ですから、一人ひとりを受け入れて、いい関係を作るような態度が必要です。

まずは、あなたの顔と名前を覚えてもらうことがスタート。その職場のメンバー一人ひとりの顔を見て、挨拶をしてください。

体をまっすぐ相手に向けて、自分を見てもらう「二、三秒の時間」を作りましょう。

きっとその職場になじむのが早くなるはずです。

名前を覚えて、名前で呼びかける

同じ課のメンバーの名前は、可能ならば入社や異動をする前にあらかじめ聞かせてもらい、できるだけ覚えるように努めます。

一人ひとりの顔と名前が一致したら、

「○○さん、おはようございます」


と、**名前で呼びかけて挨拶**できるようにしてください。

会社では特に、ある人は名前をつけて挨拶し、ある人は名前を覚えていないのでつけずに挨拶するということのないように気をつけます。

ただそれだけで、名前をつけずに挨拶した人の心証《しんしょう》を悪くすることもあるからです。

「陰の実力者」をマークする

また、**「その部署で一番力のある人」を早く見極める**ようにします。

それは上司とは限りません。管理職は数年で異動することもありますから、その部署に長くいる人こそが「陰の実力者」ということもよくあるもの。

そのボスには毎朝、そばまで行って、しっかり挨拶することです。

相手があなたの苦手なタイプであればあるほど、頑張る必要があるといえるでしょう。

ボスがあなたの存在を認めると、まわりのメンバーもあなたを認めてくれます。

4章

人の輪の中に「うちとける」話し方

……「何を話せばいいの？」と悩む必要はありません

1

相手の話に「いい反応」を返すだけでいい

人の輪に入れてもらえたとしても、「その場で何を話せばいいのか」と思うと不安になる。だから、人の輪に入るのに、ためらいを感じる。

そんな人は多いことでしょう。そこで、人の輪の中に入った時に、その場にいる人たちと「いい関係」を作るコミュニケーションの取り方をお伝えします。

自分には、気のきいた話題がない。面白い話など、できない。だから、人の輪の中に入るのは無理だろう。あなたも、そんなふうに思っていませんか？

実は、あなたと会ったその人が、まずあなたに期待すること。それは**「自分の話にいい反応をしてほしい」**ということなのです。

この期待は「面白い話をしてほしい」というのよりも、ずっと強いのです。

相手「私も人見知りで、幼稚園の保護者会がある時は憂鬱《ゆううつ》なのよ」
あなた「えーっ！　信じられません」

こんな対応をしてくれたら相手はけっこう満足で、あなたに好意を持つものです。面白い話ができなくても人間関係を悪くすることはありません。でも、相手の話に対する反応が小さいと、「話しにくい人だな」という印象を与えてしまいます。ですから、会話に苦手意識がある人は、まず「いい反応」を心がけるといいでしょう。

「感じたまま」を素直に伝えてみる

コミュニケーションで大事なのは「共感力」。そう説く書籍は多いものです。
しかし、他人にうまく共感できない人に、「共感力とはどのようなものか」を伝えるのは大変むずかしいのです。

私は教室で、**「共感」とは「感想」だ**と教えています。

「あなたの話をこう感じたよ」と温かい気持ちを込めて伝えることが相手に共感することに近くなると伝えているのです。

つまり、**共感を示すには、優しさを胸に秘めて、あなたの感じたままを言葉にして返せばいい**のです。

それが相手の話に対して「いい反応をする」ということです（本書では、共感と反応を同じ意味として扱います）。

相手の気持ちを一〇〇%わかってあげられる人などいません。だから、「相手の気持ち」にこだわると、「こんなことを言ったら、嫌がられるかも」と、ためらいが生まれ、相手の話に反応できなくなります。

少しずれていてもいいから、「いい反応」をすることを心がける。まずは、ここから始めてみましょう。

2 気のきいた言葉より「へー♪」「ええっ！」「おお！」

「共感」とは「感想」だといわれると、何か気のきいた言葉が必要かと思う人も多いでしょう。ですが実は、「反応の言葉」（共感の言葉）は、意味のあるものでなくてもかまいません。

私は**「まず音を出してください」**と教えています。

それは、**「ああ」「ええっ」「うわぁ」「おお」「ひー」**などの感嘆詞《かんたんし》（感心や感動のあまり発する言葉）を、感じたままに口から発すればいいのです。

加えて、濁音《だくおん》の**「げー」「がお」「ぎゃー」**なども、反応の言葉として使えます（濁音を「反応の言葉」として使える人は、かなりのコミュニケーション力の持ち主です）。

感嘆詞であれば簡単に口をついて出るでしょうから、会話中に「こんなこと言っても大丈夫かな？」などと躊躇《ちゅうちょ》することもありません。

この三語で相手が心地よく話を続けてくれる！

数ある「反応の言葉」の中で私のおすすめは、次の三つです。どれもあなたの「気持ち」を伝えるために使います。気持ちが入っていないと感想とはならず、相手の「自分の話にいい反応をしてほしい」という期待を満足させることにはなりません。

でも、この三つさえマスターしてしまえば、たいていの場合、あなたの気持ちは相手に届くことでしょう。

①興味を伝える「へー♪」

「その先を聞かせて」「もう少し詳《くわ》しく聞きたい」という気持ちがニュアンスとして伝わります。しっかり感情を載《の》せて発声しないと「つまらない」「興味がない」というニュアンスになってしまいますからご注意を。

「息子と二人でキャンプに行きましてね」

「へー♪」

②驚きを伝える「ええっ！」

私たちは、「ここは驚いて」という期待を込めて話をすることがあります。そんな相手の期待を察したら、すかさず「ええっ！」と声を上げましょう。

「うちの地元の花火大会は、田舎《いなか》なのに一万発も上がるんだよ」

「ええっ！　一万発！」

しっかり驚いてあげないと、相手はがっかりします。「この人と今後、話をするのはやめておこう」と思うことさえあるぐらいです。

③称賛を伝える「おお！」

驚きに近いですが、そこに「素晴《すば》らしい」というニュアンスが加わります。

「うちの息子が国立大学に合格しましてね」

「おお！　それは素晴らしい」

こういう感じで使います。

これなら話を聞きながら反応を返すことも、むずかしくないはず。しっかり気持ちが入っていれば、相手も心地よく話を続けられます。

3

共感は「慣れ」でうまくなる

共感することが苦手な人は、おそらく幼い頃から「共感をしてもらう体験」が足りなかったのではないでしょうか。

そのために、会話において自分の気持ちを声に出して伝えよう、相手の期待に応えるためにいい反応をしよう、とすることを習慣とせずにきたのかもしれません。

私は**「共感は慣れでうまくなる」**と考えています。

「声を出す意識」を持つことを継続していけば、ほとんどの人は「いい反応」ができるようになります。そして、会話の中で「へー♪」「ええっ!」「おお!」の言葉が自然と口をついて出るようになります。

初めは全くと言っていいほど反応できなかった人も、私が共感することの大事さを伝え、声を出す練習を続けてもらうと一カ月もたたないうちに、いい反応、いい共感のできる人に大変身します。

少し力を入れて「いい反応」をするだけで……

いい反応ができるようになるには、とにかく**感情のある声を出す練習を繰り返す**のが一番です。

まずは自宅で鏡を見て、口をしっかり開けて息を吐き出すように「へー」と声を出してみます。口を横に開いて出してください。

「ええっ！」も、口を横に開いて、声を出してみてください。驚きの表現ですから腹筋に力を入れて大きめの声で。

「おお！」は、口を丸く開けて、力強く声を出します。称賛を伝えるのですから、相手の話に感心する気持ちを味わうように声を長めに伸ばします。

これを朝、顔を洗う時、夜、歯を磨く時などに鏡を見ながら行ないます。

車に乗る人は、鏡は見られませんが、運転中に声を出す練習ができます。

ただし、ドライブレコーダーに録音されますので、営業車のように他の人もその車を使う時は、ご注意を。

「○○さん、昨日の営業の時、横に誰か乗せていましたか？」

なんて聞かれた生徒がいます。

慣れてきたら、ぜひ人と話している時に、少し力を入れて「いい反応」を返してみてください。

きっと、相手の話す態度がすごく積極的になります。

相手「うちの息子は落ちこぼれだったのですが、二十二歳の時に急に会社を作りましてね」
あなた「へー♪」
相手「落ちこぼれ専門のインターネット塾を開いたのですよ」
あなた「えーっ！」（「大逆転ですね」）

相手「今では百人近い生徒がいるようです」

あなた「おお！」（「それは素晴らしい！」）

こんなふうに相手の話に感想を言うかのように、気持ちを入れて反応してみましょう。

ちなみに、感情豊かな反応をすると、あなたと相手の脳が同期して、同じ部位が働き出すという研究結果が出ています。すると、お互いの考えや気持ちが伝わりやすくなるのです。

相づちがお互いの心をつなげていたとは驚きですね。

私たちは、もっと感情豊かに相づちを打つことに目覚める必要があるでしょう。

4

「肯定の言葉」はシンプルに。これが鉄則

いい反応をしてくれる人は、誰からも歓迎されますので、人の輪の中に喜んで入れてもらえます。

いい反応に加えて、**「肯定的な言葉」**が使えるようになれば、もう鬼に金棒です。

しかし、取ってつけたようなほめ言葉は、こちらの気持ちを見透《みす》かされたり、勘繰《かんぐ》られたりして、かえって拒否反応を受けることもあります。

そこで、ここでは自然で、しかもシンプルな肯定の言葉を用意しました。

これなら、いちいち自分で考える必要はありませんから、スムーズに言葉が出るでしょう。

「いい○○ですね」――このひと言で全てがスムーズに

そのシンプルな肯定の言葉ですが、ほめたい事柄や人に「いい」をつけた、**「いい○○ですね」**という表現です。

話の内容に応じて、**「いい仕事ですね」「いい会社ですね」「いいお父さんですね」「いい娘さんですね」**と言葉を換えて言えば、誰もが喜んでくれます。

たとえば、

「最近、川柳を習い始めまして」

と言われたら、まずは「へー♪」と言って興味を示し、続けて、

「いい趣味ですね」

と言えたら満点！

そう言ってもらえたら、相手は喜んで話をしてくれるでしょう。

「生まれは仙台でして」

と言われたら、「おお！」と言って、続けて、

「いいところですよね」

と肯定的な言葉を添えます。

もし行ったことがなければ、

「いいところなんでしょうね」

と推測で言えばいいのです。


「いい反応」と「肯定的な言葉」。

人間は、他人に対してこの二つを期待します。

この期待は、人間の根源的な欲求ともいえるものです。

だから、この二つをポンポンッと繰り出すことができれば、初めて会う人の輪の中にも、スムーズに溶け込むことができます。ですから、安心して人の輪の中に飛び込んでいきましょう。

「長い感想」では会話のテンポがずれる

反対に、気のきいたことを言おうとして長い言葉を使うと、会話のテンポが悪くなってしまいます。

たとえば「最近、川柳を習い始めまして」と言われた時に、「五・七・五ですね。川柳は江戸の粋《いき》って言われていたそうですね」などと言ったら、相手は自分の話を続けにくくなります。

反応や肯定の言葉はシンプルに。
そして、自己主張は控え目に。

これが「人の輪の中に入る流儀」といえるでしょう。

5

相手を「主人公」にして話せば間違いない

「なじみの薄い人たちの中に入って、何を話せばいいのかわからない……」

そういう戸惑いは、よくわかります。

基本的には、あなたの暮らしの中のエピソードを話せばいいのですが、ここでは間違いのない話題をお伝えしましょう。

多くの人はたいてい、自分のことや、ニュースを話題にするでしょう。もちろん、それで悪いということはありません。

しかし、より確実にそのグループの人たちの心をつかみたいのであれば、そのグループ自体やメンバー一人ひとりのことを話題にするという手があります。

これを**「相手を主人公にした話し方」**と呼びます。

自分のことは「一段下げて」おく

一緒にいるグループの人たちをよく観察すると、感じるものが必ず見つかります。

最初は「みなさんは」という言葉で話をしてみましょう。

たとえば、幼稚園の保護者会で知り合った人たちには、

「みなさん、本当に話がお上手ですね」

「みなさんは、本当に楽しい方ばかりですね」

と切り出せば、その場にいる人たちの表情も緩《ゆる》んで、あなたを話の中に入れてくれるはずです。

ついでに、

「私は口下手で人見知りだから、うらやましいです」

と自分を一段下げれば、あなたを見る目はさらに好意的になるでしょう。

ビジネスマンの集まりなら、

「みなさん、本当に仕事ができそうな方ばかりですね」

「みなさん、チームワークがいいですね」

と言えばいいでしょう。そして、

「私は仕事ができないほうなので、引け目を感じます」

と自分を落とすこともお忘れなく。

人は誰でも「自分を話題にしてもらえる」のが一番うれしいもの。

こんなふうに切り出してから、その輪の中心人物を話題にすれば、そのグループの関係なども聞かせてもらえて、その中に溶け込めるはずです。

その話にいい反応を返し、そして肯定的な言葉を送るように心がければ、あなたは**誰にとっても、話しやすくてありがたい存在**です。

きっと「いい人だな」と感じてもらえて、お誘いも増えていくでしょう。

なお、相手を主人公にして話し、人の心をわしづかみにする方法を極めたい方は、拙著『またすぐに！　会いたくなる人の話し方』（三笠書房）を参考にしてください。

6 問いにはなるべくオープンに答える

人の輪の中にスムーズに入れてもらうためには、**「オープンな態度」**がある程度求められます。

近年はプライバシーを人に語りたくない人も増えていますので、必ずとは言いませんが、人の輪の中に入れてもらうためには、**多少なりとも、自己開示をする勇気**は必要でしょう。

人間は、一人では生きてはいけません。

あらかじめ「人に言ってもかまわない部分」と、「人に言いたくない部分」をはっきり分けておくことをおすすめします。

他人から「一番敬遠されやすい態度」とは

新しく輪の中に入ってきたあなたには、様々な質問が浴びせられることでしょう。自分をオープンにすることに慣れていない人は、こういう時にあいまいな言葉を使いがちです。

相手「おうちは、どのあたり？」
あなた「ここから三十分ぐらいのところです」（または「県内です」）
相手「お仕事は？」
あなた「経理関係の仕事です」
相手「結婚しているの？」
あなた「はあ……」

このような「あいまいな返事」をされると、相手は大きな壁を感じます。あまり立ち入ってはいけないのかなと思って、遠ざかるでしょう。

結果として、あなたはその輪の中からはみ出ることになります。

なかなか友達ができないという人は、自分にこういう部分がないか振り返ってみてはいかがでしょうか。

相手は「話の材料」として、ちょっとしたプライバシーにふれただけのこと。差し支《つか》えなければ、

「家は○○町なんですよ」
「仕事は××会社に勤めています」
「前は結婚していました」

などと答えるようにしましょう。

言いたくない部分は率直に「そこはご勘弁ください」

もちろん、言いたくないことまで言う必要はありません。

「ご主人のお仕事は？」と聞かれて、言いたくない人もいるはずです。そういう時は、

「ごめんなさい、主人の仕事のことはご勘弁くださいね」

と率直に言えば、ほとんどの人は気を使ってふれないようにしてくれますし、気を悪くすることもありません。

言いたくない部分はあいまいな言葉でごまかすのではなく、言いたくないと「率直に伝える」のが人づきあいの作法です。

7

「私の話」「あなたの話」だから、親しみが湧く

今の世の中では、初めて会った人のプライバシーに踏み込む質問は、怖くてそうそうできるものではありません。

しかし、いつまでも「世の中のニュース」や「スポーツ、芸能の話題」ばかりでは、お互いの興味・関心や人間性も伝わらず、親しみは湧きませんし、関係がなかなか深まりません。それは、**「私の話」「あなたの話」**をしていないからなのです。

他人は、あなたのプライバシーに簡単には踏み込めません。だから、あなたから進んで自分のプライバシーを話してあげられたら、あなたはとても**「つきあいやすい人」**になれます。

「自分を素直に語れる人」の魅力

私の教室でも、生徒が結婚しているのかどうかなどは決して聞けませんが、時々、

「うちには子供がいなくて、家内と二人暮らしなんですよ」

などと自分から言ってくれる人がいて、そういう人にはとても話しやすさを感じます。

未婚の男性が、

「彼女もいなくて、花火大会なんか関係ない暮らしです」

などと言ってくれる場合がありますが、そんなことを言ってもらえたら、彼の恋活を積極的に応援したくなります。

女性に年齢を聞くのはタブーですが、自分から、

「今年、四十歳になるので、もう体がついていかないです」

などと言ってくれる人には、尊敬の気持ちすら抱きます。

中には、

「地元が福井の田舎のほうで、都会に出てきた時は地下鉄がちょっと待つだけですぐ来るのを見ただけで感激してたんですから」

などと言ってくれる人もいます。

この方は、すぐに友達ができるほどの人気者でした。

自分を素直に語れるというのは、ただそれだけで大きな魅力になります。

「友達ができにくい人」には、「自分を素直に語る」ことはおすすめのチャレンジです。こんど人の輪の中に入った時には、自然な形で自分をオープンにしてみてください。きっと、その輪の中に溶け込むことができるでしょう。

もちろん他人には言いたくない部分もあるでしょうから、そこを公開する必要はありません。

コラム

リピートが絶えない美容師さんの秘密

最近は美容室での会話を不要と思う人もいて、時代を感じます。

もちろん、極力会話をしたくない人もいるでしょうから、「会話をしなくていいシステム」もあっていいと思います。

ただ、もし会話にならない原因が美容師の「雑談力不足」にあるのだとしたら、もったいないことです。


失礼ながら、下手な雑談につきあうのは疲れるものです。二度目の来店なのに、

「お住まいは、この近く?」

「今日はお休み?」

「これからどこかに行くの?」

と、一度目と同じ質問をされることもあります。これでは話す気も失《う》せてしまうで

しょう。

また「休みの日は何をしているの？」などと、本当に聞きたいわけではなく、ただ時間を埋めるためだけに聞いているとわかる時も、お客様は会話する気になれないものです。

本当は「美容室ならではの自然な話題」「お客様も進んで話をしたくなるような話題」があるはずなのです。それは髪のお話。


「いい髪質ですね」

「お手入れはしやすいほうですか？　それともしにくい？」

「髪のことで困ることはありますか？」

「梅雨の時期は髪がまとまりませんよね」


そうです！　自分の髪を話題にしてもらえたら、誰だってお話をしたいでしょう。

プロから直々に教えてもらえるのは、髪を切っている今しかありませんから。

これが歯医者なら歯の話、整体院なら体の話をすればいいということです。

そして、**お客様が話す内容に丁寧に相づちを打つ。**相づちに気持ちが入っていると感じられると、お客様のほうもとても話しやすく感じて、会話を楽しいと思います。

すると、その中に、

「独《ひと》り暮らしをしている」

「仕事からの帰りが遅い」

など、プライベートな話も自然と含まれるようになります。そこから、

「朝、シャンプーするとなると、早起きしないといけないでしょう。早起きはお得意？」

「髪がまとまらないと会社に行くのもイヤになりますよね。お仕事では人と会うことが多いのですか？」

と、髪の話に持っていき、もう少しプライベートな部分に入らせてもらうこともできます。こうなれば、お客様も会話を楽しむことができるでしょう。

リピートが絶えない美容師は、こうしてお客様の心をつかんでいるのです。

5章

話の中にどうやったら入れるの？

……これでスッと入れて、
なじんでしまう

1
人がたくさんいる中で、どうやって話に入ればいい？

四～五人で話をしている時に、なかなかその話に入っていけないという戸惑いをよく耳にします。

あちらの人が話したと思えば、すぐにこちらの人が話し始める。自分にも似たような話があるなと思うけれども、すぐに別の人が話し始めて、気がつくともう話題が変わっている。

「みんな、どうしてこんなに早いペースで話を思いつくの？」

今さら、さっきの話に戻すわけにもいかず、何か悶々《もんもん》とした気持ちのままお開きになる。話をすることに苦手意識がある人ならば、「そうそう、私も同じ」と言いたくなる場面でしょう。

相づちは「聞き手」と「話し手」をつなぐ橋

話がうまい人をよく観察しますと、四〜五人の中で話をする時の相づちが大きいことに気がつきます。彼らは「話の要所」で、一対一で話す時よりも相づちを大きめに、そして長く打ちます。

「へーーーっ」
「えええーっ」
「おおおーっ」

話し手にとって、「いい反応」はうれしいもの。こんな相づちをもらうと、つい話を止めてその人のほうを見てしまいます。そして、他の人も相づちを打っている人の「次の言葉」を待ってしまうのです。

この時、会話に空白が生まれます。いい相づちは、時間を止めてくれるのです。

そうです！　**大きめの相づちを打っている間、主役は相づちを打っている人**なのです。

そこですかさず「私もそういう経験ありますよ！」と話に割って入ることができます。もちろん、話し手の話が終わっていることを確認してからにしてください。

コミュニケーションでは、相づちがとても大きな役割を果たしています。

でも会話が苦手な人ほど、その重要性に気がついていないもの。あってもなくても大差のないものと思っていて「いい相づち」を打ちません。

いい話し手は、聞き手に相づちを打たせる間《ま》を作っています。

いい聞き手は、相手の話に、腹に力を込めて相づちを打ちます。

相づちは「聞き手」と「話し手」をつなぐ橋のようなもの。こんど四～五人で話をする機会があれば、いつもより大きめの声で相づちを打ってみましょう。

そして、会話上手な人がいたら、どんな相づちを打っているか、観察することも忘れずに。

2

自然に「話を振ってもらえる人」になるコツ

四〜五人での会話では、**無理に話に割って入らなくても、自然に「話し手の立場」を与えてもらえる方法**があります。

今話している人に「○○さんは、そういうことはないの？」とか、「○○さんはどうなの？」と**話を振ってもらう**のです。

「でも、それは相手しだいではないの？」

「幸運に頼るしかないのでは？」

そんなふうに思っている人も多いことでしょう。

でも実は、あなたの「話を聞く時の態度」一つで、**意識的に相手の注意を引きつけ、**

あなたに話が回ってくるようにできるのです。

「話を聞く態度」をあと少し、変えてみる

もしかすると、あなたは話にうまく入れないもどかしさから、人の話をしっかり聞けていないかもしれません。

大勢の中で、「○○さんはどうなの？」と話を振られる回数が少ないのなら、あなたがいかに「私は人の話をちゃんと聞いている」と思っていても、まだまだ「聞く態度」に改善したほうがいいところがあると受け取りましょう。

四～五人で話す時は、話し手が度々《たびたび》変わります。その時、首だけを小さく動かしながら話し手を見ているとしたら、そこに問題があります。

コミュニケーションが上手な人は、首だけではなく、**体全体を話し手に向けて**います。

また自分の隣の隣の人が話している時など、テーブルに肘《ひじ》をついて身を乗り出して、

話し手をじっと見ている人もいます。

そんなことをされたら、話し手は「自分にとても興味を持ってくれている！」と感じます。

これを実践した上で**感情豊かな相づち**が加われば、話し手は有頂天《うちょうてん》。

もう、あなたを目がけて話し始めます。

こうした「話を聞く時の態度」について習い、実践してみた、私の教室の生徒も、「話し手にしっかり体全体を向けて相づちを大きめに打つと、相手が私一人に向かって話す感じになるので、びっくりしました」

と言います。

そうなれば話し手はあなたをとても大事に思い、自然と「○○さんはどう思う？」「○○さんならどうする？」と質問を投げてくれるようになります。

あなたは**労せずして、話し手の立場を手にすることができる**のです。

3 友人の知り合い（初対面）と同席！その時、どうする？

友人の知り合いと同席することになった。

しかも、その人とは全くの初対面とくれば、いったい何を話せばいいのかと、困ってしまいます。

間に入る友人が気のきく人なら心配はいりませんが、友人とその知り合いにしかわからない話を始めるような人ならば、間を取りもってもらうことなど、全くあてにはできません。

友人の知り合いと、お互いの仕事や住んでいる場所などを話題にしても、話はプップツンと途切れて長くは続かないでしょう。

さて、こうしたシチュエーションで、あなたはどのような話題を選んでいるでしょうか。

「会話の糸口」は、こんなところにありました

こういう時のセオリーは、**「共通の話題」**から入ることです。

共通の話題というと「趣味」や「スポーツ」の話を思い浮かべそうですが、そうではありません。何よりも絶好の話題があります。

それは、間にいる**「友人」**です。

友人のことならば、あなたもその知り合いの人もよく知っているでしょうし、エピソードもたくさん持っていることでしょう。

ここを「会話の糸口」にしてしまえばいいのです。

内容は、あなたと友人の関係にもよります。長いつきあいでお互いのことをよく知っていて、

「この人、かなりいい加減ですよね。私、いつも困り果てているんですから」

などと茶化すことができるなら、あとはもう何の心配もいりません。

こういう話は、互いの間柄を急速に深めてくれます。

もしあなたが「相手のことを悪く言ったり、茶化したりしてはいけない」という信仰を持っているとか、または友人のことを茶化せるほど間柄が深くないのなら、オーソドックスな切り口から入ることです。

「○○さん（友人）は、すごくしっかりしているでしょう。私はいい加減な性格だから、いつも助けてもらっているんですよ。私のパソコンのIDとパスワードまで把握《はあく》してくれていて、いつも彼女に私のパスワードを聞いているんです」

と、具体的な内容まで交えて伝えれば、そこが糸口になって話がスムーズに回っていくはずです。

4

妻（夫）の家族と話す時に気まずい人は、ここに注目

結婚すると、独身の時には思いもしなかった試練が待っています。

結婚後に、パートナーの両親や家族と話すのはむずかしいと、苦手意識を感じる人も多いようです。

たとえば正月などに妻の実家に行くと、妻の両親と兄弟がいて、話といえば彼らの内輪話になりがちなものです。

そして、その話の内容がよくわからなかったり、面白くもなかったりしたら、誰もが疲れを感じてしまいます。

妻（夫）の話をすれば、みんなで話ができる

こんな時も、やはり「共通の話題」をあなたから投げかけて、みんなで一つになって話をしたいものです。

「共通の話題」とは、やはりあなたの妻、夫です。

妻や夫の実家の家族とうちとけていて、彼らもさばけた人たちならば、軽く冗談めかした話し方をしても大丈夫です。

「うちの○○子は、寝言がはっきりしていて具体的なんですよ。この間は、突然〝いいんですか？　ごちそうになります〟って言ったんです。いったい何をごちそうになったんでしょう」

などと言えば、妻の家族が覚えている彼女の寝言エピソードや、妻のうっかりエピソードなどが出てきて、みんなが楽しくなります。

具体的にほめて「話の取っ掛かり」を作る

まだ先方の家族に慣れていない場合や、先方が堅い感じの方たちならば、冗談めかしたり茶化したりする言葉より、ほめ言葉のほうが失敗はないでしょう。

この場合、気をつけたいのは抽象的な言葉で終わらないようにすること。

たとえば「よく頑張ってくれています」では、話を広げにくい感じがします。

もう少し具体的に、

「○○子は、料理が上手で美味しいんですすよ。特に、チンジャオロースーが最高です」

などと言えば、会話の糸口になりそうなものがたくさんあって、誰もが話しやすいでしょう。

父親が、

「家にいた時は、そんなごちそう、作ったことなかったな」

などと言ってくれるかもしれません。

あなたが妻の立場なら、

「〇〇さんは、育休も一カ月取ってくれて優しいですよ」

と言えば、母親が、

「うちのお父さんは、この子が生まれる時にスナックに行っていた」

と暴露したり、姉が、

「母さんにクソババアって言っていた子が、優しい夫になるなんて」

とブラックな歴史を教えてくれたりして、楽しいひと時になることでしょう。

5

試練⁉「上司の同期たちの輪」の中に入れられた時の会話術

上司が同期たちと飲む場に誘われて同席し、話をするのは、「試練」でもあります。
ですが、上司の同期ですから会社の幹部（または近い将来の幹部）たちが揃《そろ》ってい
る可能性もあるので、各々《おのおの》の人とお近づきになれると、のちのちいいことがあるかも
しれません。

さて、こうした場での共通の話題は、「上司」になります。
ただし、この場合は上司のことを茶化すようなことを口にしたり、悪口を言ったり
するのはタブー。
上司に恥をかかせてはなりません。

お酒の勢いで、またまわりに囃《はや》し立てられて、つい上司の悪い評判などを口走るような真似だけはしてはならないのです。

この場合も「○○課長は心が広いです」とか、「仕事が早いです」などという抽象的な表現では、話が広がりません。

「私が仕事で失敗した時も、翌日に次のチャンスをくださって泣きそうになりました」

「私が寝坊して遅刻した時も、部長には下痢だったとかばってくださって。ただ、部内ではその日中、『下痢は大丈夫か』といろんな人に聞かれて恥ずかしかったです」

などと具体的なエピソードを交えて話をするといいでしょう。

きっと上司も「いい部下じゃないか」とほめられて、株を上げることになるかもしれません。

人間の「美点」を見つける好奇心が大切

こうして見てきますと、様々な人とのエピソードをたくさん持つ人は、新しく出会った人との会話が広がり、いい関係にもなりやすいということがわかります。

そのためにも、**ふだんからパートナーのことをよく見ておく、上司の言葉を覚えておく、友人の長所を感じておく、**ということが大事になります。

日頃から、人間の長所、美点をよく勉強して、それを自分のまわりにいる人に見つける好奇心を養う必要があるでしょう。

今すぐに妻や夫、恋人、友人、上司の「人としての魅力」を十個、挙げられるかどうか試してみてはいかがでしょうか。

もちろん「エピソード付き」であることが条件です。

6 部下が「一緒に飲みに行きたい」と感じる上司の話し方

「仕事帰りに、上司たちと飲みに行きたくはない」

そういう話をいろいろな人からよく聞くようになりました。

ここで問われているのが、上の世代のコミュニケーション力。

「〇〇課長と話すのは楽しい」

「〇〇部長の話は聞く値打ちがある」

と感じてもらえる話ができれば、下の世代の人たちもお酒の席に戻ってくるのではないでしょうか。

「武勇伝」より「苦労話」

ネットの記事を見ると、「上司と飲みに行くと、昔の武勇伝ばかりで、話を合わせるのがしんどい」などという話をよく目にします。

会社勤めの人の成功体験は、バブル期とか会社が上り調子だったお陰という一面もありますから、後輩の参考にはあまりならないようです。

年長者が年下の人に物語を聞かせるなら、「成功談」ではなく「失敗談」を。

それも、苦しんでのたうち回ったあげく、ようやくそこから這《は》い出てきたような話がいいと思います。

「苦労していた時、何を思ったか。何をしたか」
「もうダメだと思ったことは」
「何が転機になったのか」
「そこで得た教訓は」

……そういう話は、どんな時代でも参考になるものです。

「新人時代に上司に嫌われて三年も干されて、ふてくされていたところ、今の専務にすくい上げてもらった。その三年は本当につらかった。結婚していなかったら会社をやめていた」

「後輩にも課長レースで抜かれる始末。ヤケになっていたが、みなが失敗したプロジェクトが回ってきて、上司の○○さんに助けてもらってうまくいった。その時はいいカッコせず、○○さんに『助けてください』と正直に言った。いいカッコしてきた自分が情けない」

こんな苦労話なら、けっこう下の世代の人も共感を持ってくれます。

「失敗した話をすると、バカにされるのでは」と心配する人もいることでしょう。

実は自分の弱さ、至らなさを上手に言葉にできる人のほうが部下はついていきたくなるものなのです。

下の世代の人と話す時は、「カッコいい話」よりも「カッコ悪い話」を心がけてください。

こういう話をしますと、

「部下に失敗談とか挫折の話をしたら、なめられませんか？」

と心配する人がいます。

実は、成功談しかできない人のほうが、自信のなさを人に感じさせるのです。

カッコ悪い自分を素直に見せられる。

それが最高にカッコいいのです。

7

下の世代の輪の中に入ったら「会話の主人公」は相手

「その場の『会話の主人公』は誰だ？」

そんな意識を持って話をしていますか。

雑談をしていて気分がいいのは、基本的に話し手。その立場をいつまでも独占していたら、一緒にいる人たちはその場を楽しめないでしょう。

特に下の世代の人たちの輪の中に入れてもらった時は、自分ではなく、その場にいる人たちが「会話の主人公」になるように気を使ってみてはいかがでしょうか。

「相手を主人公にする」というと、「休みの日は何をしているの？」などと質問をすればいいと受け取ってしまう人も多いようです。

でも、それでは内容のある話が出てくる確率は低いでしょう。
そこには、**相手が思わずしゃべりたくなる切り口**というものが必要です。

説教くさい話より こんな「切り口」で話を聞いてみる

年下の人と話す時、つい説教くさい話をしたり、アドバイスをしたりしたくなるものです。

しかし自分が彼らと同年代だった頃、どんな切り口で話しかけてくる先輩が話しやすかったかを思い出せば、説教や望まれぬアドバイスが嫌われる原因になることに気づくことでしょう。

前の項で「自分のカッコ悪い話を」とお話ししました。まず、自分が悩んだこと、苦しかったことを話せば、年下の人たちも自分に正直になれます。

自分の話は早々に切り上げて、こんな切り口で話を聞いてみてください。

「仕事、しんどい時もあるだろう」

「仕事で感じる壁ってあるよね」

「月曜の朝のエネルギー充塡《じゅうてん》度は何％？」


こんなふうに話しかけてくれる上司や先輩とは話もしやすく、本音も出やすくなります。もしかしたら、ネガティブな気持ちを吐き出したりするかもしれません。

そして、

「○○さんは苦しかった時、何を心の支えにして働いていたんですか？」

「逃げ出したくなる時に、どう考えればいいのでしょうか」

という質問も飛び出してきたりして。

そうした質問が、やがて「前向きな話」へとつながっていくことでしょう。

ネガティブな気持ちを吐き出すと、人の心は前向きになるからです。

ポジティブ信仰に縛《しば》られている人たちは、こんな「心のメカニズム」を知っておくと、コミュニケーションの質がアップすると思います。

コラム

「大人との会話」ができる素養を子供に身につけさせる

その日のゴルフは早朝からのスタートで、帰宅したのはまだ昼下がり。

エレベーターの扉を閉めようとした私の目の片隅に人影が映りました。とっさに「開」ボタンを押し、ドアが開きかけると、その向こうに黒ぶちのメガネをかけた中学生らしき華奢《きゃしゃ》な男の子が一人。

「おかえり、乗ってちょうだい」

面識はありませんでしたが、近所の子供に声をかけるのは、私の暮らしの習い。それが「大人の務め」だと思っている昭和な私です。

気持ちのいい反応が返ってくることは、ほとんどありませんが。

ところが、この日の中学生は違っていました。

開いたドアから入ってきた彼は、一つお辞儀をして、視線を私のゴルフバッグに移しました。そして、こう言いました。

「ゴルフですか♪」


あまりの大人びた言葉にたじろぐ私。

「う、うん。そう。お兄ちゃんとこのお父さん、ゴルフするの？」

と言うのが精いっぱい。

どうも父親はゴルフをしないらしい。

それでもエレベーターが私の住む階に着くまでの一分ほどの間、楽しくお話しできました。


あなたにお子さんはいますか？

もしあなたのお子さんが、いくら勉強ができる子供だったとしても、大人と丁寧な言葉で話ができないのならば、それは親としての務めを果たしていないということです。

偏差値の高い大学を出て一流企業に入っても、待っているのは大人との会話。上司と、同僚と、取引先と、お客様と、うまく話ができなければ仕事になりません。「それは会社に入ってから」などと考えているのなら、それは甘すぎます。企業はもはや、社員教育にそこまで時間とお金をかける気はありません。

エレベーターで出会った見知らぬ大人に、「ゴルフですか♪」と音符付きの会話ができるほどの子に育てて社会に送り出す。それこそが親の大事な責務です。

6章

「ポツンと一人」の誰かを見かけたら

……「人の輪に入れない人」を助ける時がやってきた！

1

「ご一緒にどうですか?」と言える人になろう

自分が人の輪に入れないことを気に病んでいたあなたにも、やがて成長の時がやってきます。

人の輪の中への入り方もわかり、会話にも余裕を感じるようになれば、**今度はあなたが人助けをする番**です。

幼稚園の保護者会や、職場での飲み会で、一人でぽつんとしているポツン君、ポツンちゃんを見かけたら、どうぞひと声かけてあげてください。

「ご一緒にどうですか?」

そんな優しさに、人はどれほど救われるか、ほっとさせられるか。人の輪の中へ入ることに苦労してきたあなたなら、よくわかることと思います。

そして、自分から人に声をかけることで、声をかけやすい人、かけにくい人がいることに、あらためて気がつくことでしょう。

ずっとスマホを見ている人、うつむき、表情を消して「話しかけてほしくはない」という感じに見える人には、決して声がかからないということに。

そうした真実を知ることも、あなた自身の成長に大きく役に立つことでしょう。

「人を引き寄せる人」からにじみ出ている優しさ

時にはせっかく声をかけたのに、「いいえ、けっこうです」などという言葉に出会うこともあるでしょう。でも、そんな拒絶の言葉を恐れていては、積極的な行動は取れません。

その人は、思いもしなかったお誘いに、素直に「ありがとう」と言えなかったのです。

でも、あなたの優しさはしっかり感じ取って、あなたにいい印象を持つことでしょう。

人に思いやりを示し、面倒を見る気持ちを持てば、あなたは**より「受容的な人」へと成長**していきます。そして、その優しさが体からにじみ出て、人間関係にいい影響を与えてくれます。

こうなると、あなたは何も努力しなくても人を引き寄せ、まわりの人に自分たちの輪の中に入ってほしいと感じさせる人になれます。

そして不思議と、「あなたもご一緒にどうですか?」と声がかかることが増えていきます。

その時は、「自分も成長しているんだな」と、ほめてあげてください。

2

「はじめまして」の人を輪の中に溶け込ませるコツ

誰かを初めて自分たちの輪の中に招き入れたら、目指すべき方向があります。

それはその人と、輪の中のメンバーたちとの間に会話が生まれるように意識して話をすること。そうすれば互いにうちとけるのが早くなり、新顔の人が輪の中になじんで、お互いに仲良くなれます。

まずは、あなたが輪の中のメンバーを招き入れた人に紹介します。

この時、初めての人が早くうちとけるようにする秘訣は、**メンバーを紹介する時に、話のタネとなるような話題を仕込む**こと。

たとえば、これが幼稚園の保護者会の母親の集まりならば、こんな具合です。

「こちらはAさんで、ご主人がすごくイケメンなの」

「こちらはBさん。ウォーキングの先生なのよ。だから姿勢がいいでしょう」

「そして、この人がCさん。私立の小学校の情報をたくさん持っているのよ」

「最後に私がDです。ただのおしゃべりです」

こうすると、初めて参加した人も、

「Fです。みなさんみたいなすごい取《と》り柄《え》がなくて、ごめんなさい」

などと自己紹介するでしょう。

その後は、Fさんがその話のタネを使って輪のメンバーたちに話しかけることもできます。また、Fさんがあなたの紹介する言葉にしっかり反応して、いいリアクションを取ってくれれば、あなた以外の人たちもFさんに親しみを感じて話しかける気持ちになります。

すると、あなた一人で頑張らなくても、メンバー同士のお話が始まって、お互いがなじみやすくなるというわけです。

「話の取っ掛かり」になるエピソードを付け足す

紹介する時に「○○に住んでいるAさん」とか、「看護師さんのBさん」といった情報だけでは、相手が同じ地域に住んでいるとか、同じ仕事をしているということでもなければ、話の取っ掛かりになりにくいものです。

紹介を受けた人が、親しみを感じたり、各々のキャラクターを理解したりできるような「具体的なエピソード」を手短に付け足してみてください。

あなたの作った輪が、どんどん大きくなって、いろいろな人たちが集う楽しいグループができることでしょう。

3 悪口が「親しさの妙薬」になる時

前の項目では、輪のメンバーが、まださほどうちとけていない間柄である場合について、お話をしました。

それでは、もっとうちとけた仲間うちに、誰か新しい人が入ってきた時はどうすればいいでしょうか。

ここでは例として、学生時代からのつきあいだとか、同期のような間柄で、互いのだらしのないところも見せ合っている人たちの輪に、新しい人が入ってきた時のお話をしましょう。

たとえば勤務先の同期の飲み会に、後輩を一人連れてきたというシチュエーションを想像してみてください。

この時、同期の一人を、

「こちらは○○さん。同期で最初に課長になったんだよ」

と、ほめるだけでは、紹介を受けたほうも恐縮して話しにくいものです。

気心の知れた相手なら「一回持ち上げてから、けなす」のもいい

もし、そのメンバーと心からうちとけているのであれば、少し冗談めかして多少の悪口を添えて紹介したほうが新顔さんの緊張もほぐれて、その後、話がしやすくなります。

この時、**「一回持ち上げてから、けなす」**という紹介の仕方もあることを覚えておきましょう。

「こちら○○。名前を覚えてもらえよ。営業部のスターで未来の取締役なんだ

から。奥さんは社長より怖いらしいよ」

「こっちは○○。開発の中ではNo.3だけど、この人が〝うん〟と言わないと、よその会社はうちと取引してもらえないんだ。絶対、取引先からワイロをもらっているよ。ウソだけどね」

「この人は○○。同期で一番早く課長になった人。仕事ができるんだ、すごく。ウィーク・ポイントがあるとしたら、小五の娘さんに嫌われていることぐらいかな」

「悪口はいけないこと」と小さい頃から思い込んできた人には、他人をけなすことができないようです。

でも本当に仲がよくて信頼し合っている間柄では、**悪口も親しさを醸成する妙薬**。

苦しい試練を共に乗り越えてきたとか、無理を承知の上で様々なことを頼み頼まれてきた間柄には、強い信頼が生まれるので、悪口もレクリエーションのようなものになります。

ただし、悪口にもルールがあって、**相手の誇りは決して傷つけないこと**です。
家族、仕事、愛する趣味、ふるさとなど、その人のアイデンティティを成すものは決していじってはいけません。そこは必ず持ち上げることです。

「○○の息子は、受験した学校の全部に落ちたんだ」

とか、

「出身は○○県の田舎で、信号機はないけど、『熊に注意』の看板はいっぱいあるんだって」

などと言えば、殴《なぐ》られるか絶交されるかのどちらか。

相手の「大事な部分」は、必ず持ち上げることと心得ておきましょう。

そして、ふだんから否定に弱い人、自分を落とすことが苦手な人には、悪口は禁物と覚えておけば、失敗することはないはずです。

4

「話のタネ」をちりばめながら紹介

前項では、勤務先の同期の飲み会に後輩を連れてきた時は、まず後輩にとって「話のタネ」になりそうなエピソードを短く入れながらメンバーを紹介するというお話をしました。

その次にすることは、後輩をそこにいるメンバーに紹介することです。

もちろん、そこにいるメンバーと後輩が話をしやすくなるように、「話のタネ」になりそうなことを交えて後輩を紹介することは、メンバーを後輩に紹介する時と同じです。

たとえば、後輩をメンバーに紹介する当人が男性、後輩は女性、その場にいるメンバーは男女混合と仮定すると、こんなふうに話をすることができるでしょう。

「○○さんは、元陸上部で運動神経がいいんだ。このあいだ自宅の階段で上から下まで滑《すべ》り落ちたのに、ほぼ無傷だったらしいのですよ」

「○○さんは勘がよくて、新人なのにもう仕事を覚えてしまって。一つ先輩のO君はもういらないんじゃないかと課内で噂《うわさ》されてるんですよ」

「○○さんは、配属初日に課長に向かって〝お父さん〟と呼びかけたレジェンドなんだ」

ただし、男性が女性を紹介する時は、たとえ親しくても相手をけなすような表現は避けたほうがいいでしょう。

飲み会でも使える！　その場がパッと明るくなるテクニック

この「話のタネ」になりそうなことを交えながら紹介するというコミュニケーション・テクニックは、誰かを初めて自分たちの輪の中に招いた時だけに使うものではありません。

知り合い同士の飲み会などで使っても、その場がパッと明るくなって最初から楽しい雰囲気になります。

具体的なやり方としては、その場にいる人の最新のトピックスを少しずつ公開すればいいのです。


「○○さんはついにお家を建てました。明るくて日当たりのいい部屋は、自分にではなく奥さんに充《あ》ててあげたらしいですよ」

「○○さんは、先週、血圧の最高記録を出しました。上が一八〇らしいです。今日はウーロン茶以外、飲ませないように」

「○○さんは先週、お誕生日でした。おめでとうございます！」


初めにこう紹介しておけば、それが話のタネになってみながワイワイ話し始めます。

ぜひお試しください。

5

複数人で話す時は「一体感を味わえる話題」を

ある程度の人数（五～六人ぐらい）で集まって飲み会をしたけれど、盛り上がらなかった、充実感がなかった。そんな思いをすることは多いものです。

私はその原因を、全員で一つの話題を共有せず、集まったメンバー全員の一体感が感じられなかったからではないかと想像しています。

たとえば、六人で集まった時、あちらで二人、こちらで三人、一人はぽつんと一人酒。そんな光景をよく目にします。

それならば六人で集まる必要もなく、各々、別の店で飲めばよかったのです。これは複数人で話す時のルールを、その場にいる人たちが理解していない証拠。

大人になっても、まだ社会性を身につけていない人がたくさんいることがわかります。

誰もが「話の輪に入れる」テーマを選ぶ

せっかく六人で集まったのです。六人で一つの話をして、みんなで共感し、みんなで笑い合う。

それでこそ「みんなで一つになった感覚」を味わえて、充実感を得られるのです(六人ぐらいまでなら、全員で一つの話ができると思います)。

そうなれば二人で盛り上がるよりも、より深い一体感を味わえます。これこそが、たくさんの人と集まって話す醍醐味《だいごみ》といえるでしょう。

ここで大事なのが「話題」。**その場にいる誰もが話に入れる話題**を選ぶ必要があります。

たとえば、

「朝、出勤する時に、奥さんは玄関で見送ってくれますか?」

「朝、ご主人を玄関まで見送る？」

という話なら実体験を持っている人が多いので、話に入れる人も多くなり、場の一体感が生まれやすくなります。

独身の人であれば、実体験はないかもしれませんが、「自分ならどうするかな」と想像して会話に参加できます。

このように、「誰もが話に入れる話題」を、その場でサッと思いつけるように、日頃から少し研究をしておく必要があります。

ネットで目にするトピックスも参考にしましょう。

たとえば「風邪で熱が出たら、何度で会社を休もうと思う？」というような記事を見つけたら、まず誰かと話をして予行演習をし、本番に備えるといいでしょう。

「あの人たちと話すと本当に楽しい」

「また参加しよう」

みながそう思う、素敵な人の輪を作れるようにしてください。

6

「まわりに気づかいをできる人」が絶対にしないこと

話が苦手だと話題が思いつかず、まわりに気づかいをする余裕がなくなります。

すると、どうしても身近な人に身近な話をしてしまうもの。

たとえば、同僚と取引先の人を交えて三人で話をする時に、同僚につい「こんどの会議の資料、もう作りましたか？　私はまだです」なんて話をしてしまいがちです。

もう一人が気のきく人なら、「おい、○○さんのわからない話なんかするなよ」とたしなめてくれるでしょうが、こちらも気のきかない人なら、その話につい乗ってしまいます。

すると、取引先の方に疎外感を感じさせることになります。

たとえ相手が、あまり気を使う必要のない相手であったとしても、大人のたしなみとして、その場にいる人が入れない話をしてはいけません。

この「ミニ解説」ができると仲間はずれが出ない

もし、どうしてもその話をしたいのならば、内容を知らない人にもその話が理解できるように、解説をしてからその話を始めるようにしてください。

以下の例では、ＡさんとＢさんは、同じ会社に勤める先輩と後輩。Ｃさんは別の会社の人です。

Ａ「B君、山田さんは許してくれた？」

Ｂ「いいえ、謝ったのですが。目も合わせてくれません」

Ａ「こわ！」

Ａ「あ！　Cさん失礼。昨日の話なんだけど、B君が課で一番ベテランの女性の山田さんとタレントの話をしていて、山田さんがそのタレントさんと同い年と言った時、『あの人そんなに年がいっているんですか！』と言い

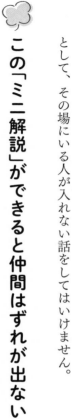

切ってしまって」

C「おお！　B君、やっちまったね」

B「はい、やっちまいました」

A「B君がそれを言った瞬間、課の中全体が凍りつきました」

C「B君、私も入社当時、君と同じような失敗をしたことがあるよ」

B「へー、Cさんほどの方でも」

これなら、Cさんもその話に参加できるようになります。

複数人で話す時は、こうして**仲間はずれが出ないように気を配るのが、できる大人のたしなみ**といえるでしょう。

7

奥手な人には、こんなパスを出してみる

複数人で話をすると、どうしても話す量に偏《かたよ》りが出るものです。積極的に前に出るタイプや話題が豊富な人ばかりが話をして、口下手で奥手な人はずっと聞き役というシーンを居酒屋やファミレスでよく見かけます。

これでは一部の人だけが楽しんで、他の人に寂しい思いをさせることになってしまいます。

たくさん話せる人を話し上手だと思っている人は多いものですが、そうではありません。

その場にいる全員が楽しい思いをできるよう心を配れる人こそが、本当の話し上手なのです。

口下手さんでも、これなら会話に入れる

うまく話に入ってこられない人には、その人が話をできるように上手にパスを出すことです。

コツは、自分が話した内容について、あまり話していない人に話を振ることです。

次の会話例は、A（男）、B（男）、C（女）の三人が話していて、Cさんが会話に入れないタイプです。

A「もうクーラーをつけないと夜眠れないよ」

B「もうクーラーをつけているの？　ちょっと早くない？」

A「そうなの？　うちはゴールデンウィーク明けから使っているよ」

B「そんなに早く！　シロクマさんに謝れ」

A「シロクマさん、ごめんなさい。Cさんのお家はいつ頃からクーラーを使うの？」

C「うちは梅雨明けからです。クーラーは苦手なものですから」
A「えっ！　Cさんのご主人もクーラーなしでも眠れるの？」
C「ええ、結婚した当時は、それでよくもめました」

この場合、AさんがCさんに「Cさんのお家はいつ頃からクーラーを使うの？」と、いいパスを出しました。

このように、それまでの話の流れで話を振られると、それまでの話を聞いていますから、口下手な人でも話す材料が思い浮かんでくるのです。

そしてこんな時、「しばらくは口下手なCさんを主役にして話をしよう」と、全員が同じ気持ちになれるのであれば、心が成熟した素敵な人たちが集まっているといえるでしょう。

8 「その場の全員」が楽しく会話を終える工夫

今度は、もっと楽に他の人にパスを出す方法です。これはどんな相手にも有効だし、ふだんの会話でも使える便利なスキルですので、うまく使ってください。

A、B、C、Dの四人で話をしています。Cさんが少し口下手なタイプで、あまり話に入ってきません。

A 「来月初めの連休の旅行、まだホテルの予約してないんだって？　ずいぶん、のんびりしてるね」

B 「そうなんだよねー。今から取れるかな」

A「Bさんはいつもギリギリになってから慌《あわ》てているよね」

B「夏休みの宿題も始業式の朝までやってました」

D「やっぱり！　目に浮かぶようだね。ところでCさんは、旅行の計画は早くから立てるほうですか？」

C「はい、三カ月ぐらい前からネットで調べて、予約しています。せっかく旅行に行くのですから、いいところに泊まりたいので」

B「ひえー、そうなんだー」

C「Bさん、思い切って前日ぐらいにネットで検索すると、キャンセルが出ていることがありますよ。賭《か》けですけどね」

その場で他の人が交わしている話題を使って、DさんがCさんに、

「ところでCさんは、旅行の計画は早くから立てるほうですか？」

とパスを出しました。

Dさんは全く会話に参加していなかったのに、Aさん、Bさんが話しているネタを使って、Cさんが会話に参加できるよう気を配ったのです。

すごく省エネの会話術ですね。

「自分が話すこと」ばかりに気を取られない

これは、「自分が話すこと」ばかりに気持ちがいっている人には、できない芸当でしょう。

複数の人で話をする時は、全ての人が会話に参加して、その場の全員が楽しい気分で話を終える。

そういう思いで話ができれば、そのグループはいつまでも仲良くいられるでしょう。

9

「話がとぎれそう！」そんな時の会話術

四〜五人で話していても、「沈黙の小悪魔」は忍び寄ってきます。ついさっきまで、あれやこれやと話が続いていたのに、突然、会話がとぎれることって、時たまありますよね。

その沈黙は、二人の時よりも人数が多い時のほうが気まずいかもしれません。

そんな時、どうしても自分の手で打開したいと思うのならば、新しい話を無理やり探そうとしないで、「それまで交わしていた話」を一つずつ思い出してみるといいでしょう。自分が話したことだけではなく、そこにいるメンバー全員が口にした話も含めて思い出すようにします。

「脳内キーワード検索」で無理なく話を再開

たとえば、Aさんは、「異動でやってきた一年後輩が、タメ口で話しかけてくるのがガマンならない」。

Bさんは、「豚肉を使った新しい料理が好評で、中一の息子がご飯を三杯食べた」。

Cさんは、「新しく始めたテニスにはまって、今、週三で練習をしている。一クラス上のラケットを買うかどうか悩んでいる」。

こうした話をしていたことを思い出したら、その中のキーワードで、話に持っていけそうなものを探してみます。

「異動」「一年後輩」「タメ口」「豚肉」「新しい料理」「中一の息子」「ご飯を三杯」「新しく始めた」「テニス」「週三」「一クラス上」「ラケット」と話のネタはたくさんあります。

その中でピンときた言葉があれば、そこから思いついたことを話せばいいのです。

話し始める時には、「そういえば」を使えば、無理なく話を再開できます。

「そういえば異動っていうと、うちの課から異動になった人で、すごく活躍している人がいるのよ。うちの課では、そんなに目立った活躍なんてしていなかったのに。上司の腕の違いかな」

「そういえば新しく始めたっていうと、私も独り暮らしを始めようと思っているのよ」

「そういえば一クラス上っていうと、うちの主人が一クラス上の高いゴルフクラブを買ったらしいんだけど、スコアは一クラス下になったって。バカよね」

このように少しぐらい強引でも沈黙が続くよりはいいですから、その場にいる人も違和感は持ちません。

話に詰まったら、先を目指すより後ろに戻ることを考えてみましょう。

この方法は二人で話している時にも使えますから、ぜひ試してみてください。

コラム

「人を誘う勇気」の出し方

友人や恋人を作れるかどうか。それは**「人を誘う勇気」**にかかっています。

自分から働きかける力がつけば、新しい関係がどんどん広がっていくものです。

気の弱い人は、「断られたら傷つく」とか「自分にそんなことを言われたら、相手は迷惑なのではないか」という思いが強くて、人を誘うことをためらうようです。

そこで、ここでは他人と素早くお近づきになる方法をお話ししましょう。

これならOKが出る！　気軽にLINE交換ができるひと言

SNSも年々進化して、読者の方々がどんな手段を連絡の道具にしているのかわかりませんが、連絡先の交換をする時の方法はそう変わりはないはずです。

ここでは一般の人々に広く行き渡っているLINEを例にしてお話をしてみます。

スマホを出しながらシンプルに「LINE交換してください」と言えたらよいのですが、そのひと言が言えない人は、相手が同性、異性にかかわりなく、こんなひと言でお近づきになってみてください。

「お知り合いになっていただけませんか？」

「友達」より「お知り合い」のほうが、カジュアルな感じがしますし、聞き慣れない言葉ですから、相手も笑ってLINE交換してくれそうです。

「もうお知り合いじゃないですか」と言われるかもしれません。

そういう時は「LINE交換して初めてお知り合いですから」と理屈など憚《はばか》らぬ強引さでスマホを相手に向けて差し出し、相手に考えるいとまを与えなければ、すんなり交換できます。

LINE交換ができたら、次は二人で会うことを目指します。

これも「ご飯でもご一緒に」と素直に言えればいいのですが、それも恥ずかしいという方には、

「一度、お話をしてくださいませんか？」

という言い方があります。
これは、友達も恋人も作れる、とてもいい言葉です。相手もＯＫを出しやすくなります。

ＯＫがもらえたら、

「お茶でロンドン気分、ランチでイタリア気分、お酒で天国気分、どの気分がお好きですか？」

と、ユーモア交じりの三択でお誘いすれば、きっといい返事がもらえます。
もし異性から「では、天国気分で」と返事が来たら、それは恋の予感かもしれません。

7章

「感じのいい人」に必ずなれる習慣

……一日一分で、コミュニケーションが変わる！

1

「あなたを受け入れますよ」を伝える四つの手段

人間は誰しも、他人から「拒絶」されることに対する不安があります。無視されることや不愛想な態度を取られることを、私たちはとても恐れているのです。

不愛想な人は、別に何も悪いことはしていないのに、人の持つ「拒絶への恐れ」を刺激するので、他人から避けられがちです。

「感じのいい人」とは、この拒絶への恐れを拭《ぬぐ》い去るコミュニケーションを取ってくれる人のことをいいます。

彼らが使っているコミュニケーション手段は、次の四つ。

①アイ・コンタクト

会った時にやわらかく視線を送ってくれると、私たちは安心感を持ちます。目と目が合うと「この人は私がここにいることを認めてくれている」と感じるのです。

②声

やわらかで温かい声の持ち主も、相手に安心感を与えます。

③表情

笑顔は人間の持つ不安を一瞬で和らげてくれます。私たちは相手の気持ちを知りたいと願っているので、表情が豊かな人は相手に安心感を与えます。

④態度

身振り手振りやしぐさで気持ちを表現するのが上手だと、相手はあなたがどんな気持ちで接してくれているのかがわかるので、安心できます。

「感じのよさ」はトレーニングで身につけられる

この四つのコミュニケーション手段を使って、「あなたを受け入れますよ」という気持ちを伝えられれば、相手は安心し、心を開いてあなたを受け入れてくれます。

人の輪の中に入るのもとても楽になり、あなたが何もしなくても「ご一緒しませんか？」という声もかかるようになります。

何といっても「感じのいい人」は、その場にいる人たちを幸せな気持ちにしてしまうので、誰からも歓迎されるのです。

「感じのよさ」は、誰からも歓迎されて大事にされたい人がぜひとも手に入れたい、「いい人生を送るのに欠かせない資格」のようなものです。

そして、この「感じのよさ」は日頃のトレーニングで身につけることができます。

これからその四つの方法について、詳しくお話しいたしましょう。

2

「目を合わせる」と気持ちも伝わる

まずは①**のアイ・コンタクト**について。

「人の印象は、会った瞬間に決まる」と言っても過言ではありません。

営業や婚活では、相手が自分の姿を見た瞬間に、その返事のほぼ八割は決まっていると考えていいと思います。

さて、あなたは他人と目を合わせて挨拶をしたり、話をしたりすることに抵抗はありませんか。

人間は目と目を合わせてコミュニケーションを取ることで、初めて気持ちが伝わるようにできているのです。

誰かがあなたに目も合わせずに「ありがとう」と言った時、その言葉をそのまま受け取ることはできなかったはず。

目も合わせずに「すみません」と言われても、心から詫《わ》びているとは感じなかったのではありませんか。

つまり、**目を合わせる（アイ・コンタクトを取る）のが苦手だと、あなたの気持ちが素直に伝わっていない可能性が高い**のです。

鏡を見ながら「アイ・コンタクトの練習」を

鏡を見てみましょう。

鏡に映った自分の顔をしっかり見たことがありますか？　ぼんやりとしか見ていないのなら、ふだん他人の顔もぼんやりとしか見ていないかもしれません。

さあ、鏡に映った自分の顔を見てみましょう。そして自分の瞳《ひとみ》も見てください。それが他人と目を合わせた状態です。そんなふうに人を見ていたでしょうか。

ついでに焦点をぼかして、ぼんやりと見てみましょう。そのアイ・コンタクトで人が接してきた時、自分は相手をどう思うでしょうか。

それで「ありがとう」や「すみません」を言われたら、どう感じるでしょうか。
明日、家族や職場の同僚に「おはよう」を言う時は、目を合わせて言ってみましょう。

これから鏡を見る時は、自分の顔をしっかりと、そして自分の瞳に焦点を当てて見るようにしてください。ちなみに、心理学的には人は自分の顔を見た時、幸福感を持つそうです。

さて、人の印象を決める最大のものは笑顔だといわれています。もちろん間違いではありませんが、笑顔をマスターするにはかなりの努力が必要です。

でも、アイ・コンタクトを取るのは、さほどの努力を必要としません。ですから私は、まずはアイ・コンタクトを上達させることで印象をよくしていきましょうとお伝えしています。

3 この数秒の「視線の動かし方」が大切

「人の目を見て話せ」とは言いますが、ずっと目を見て話されると、それはそれでつらいものがあります。でも、全く目を合わせてくれない人と話すのも、また張り合いのないものです。

私はこう考えます。人と会った瞬間、「ありがとう」や「ごめんなさい」を言う時、そして相手の話に驚いたり素晴らしいと感じたりした時に、数秒目を合わせればいいのだと。

そして気持ちが伝わったら、視線を相手の顔にぼんやりと合わせたり、時々まわりの景色へと移したりすればいいのではないでしょうか。

相手の話に、

「おお！　本当にそうだ！」

「そんなことがあったの！　そりゃびっくりだ！」

と感じたら、目を合わせることであなたの感じたものが相手に伝わる、そういうことです。

そして、数秒目を合わせて気持ちが伝わったら、またぼんやりとした視線に戻す。

この繰り返しで、私たちは「緊張」と「緩和」を作り出しているのでしょう。

職場でも家庭でも「気持ちをうまく伝える」コツ

目を合わせることは、職場においても家庭においても、とても大切です。

たとえば、管理職にとって、部下は会社からの大事な預かりもの。

だから、日頃から部下の顔をしっかり見ておく必要があります。いつも見ているからこそ、「様子がおかしい」とか、「ひと声かける必要がある」と察知できるのです。

朝、「おはよう」と言う時、部下の目を見ていない上司は、部下をうまく管理できないでしょう。

また、

「資料、ありがとう。よくできていたね」

「今回のミスはどうして起こったのか、検証しておこう」

というような**大事な言葉は、部下の目を見て丁寧に伝える**必要があります。

気持ちが伝わってこない上司に、部下はついていこうとは思いません。

これは家族に対しても同じように当てはまることです。

目を合わせることは、「あなたを愛していますよ」という意思表示になります。

だから朝、妻や夫、子供に「おはよう」を言う時は、ちゃんと顔を見て目を合わせて言ってください。目が合わなくなった時、夫婦も親子もピンチが迫っているといえるでしょう。

あなたは今日、妻や夫や子供、そして部下の顔をしっかり見ましたか？

4 「温かみのある声」を出す練習

アイ・コンタクトの次は、**②の温かみのある「声」**を身につけましょう。

まず、ふだんからやわらかで温かい声を出し慣れておくことです。

すると、「とっさの場面」であっても、相手に安心感のある声を届けられるようになります。

ふだん声を出し慣れていない人は、人と話す時にのどが緊張で締めつけられてしまうことがあります。

すると、声が小さく低音になってしまい、相手に不安を与えてしまうのです。

声を磨く練習も鏡を使います。

まずは「おはよう」とか「こんにちは」という言葉を、一音一音、口の形を確認しながらゆっくり発声してみます。

この時、**「優しい気持ち」を意識して声を出すと、声も優しくなる**ものです。子供やペットに話しかけるイメージでやってみましょう。すると、表情も連動して和らぎます。

この練習を、一日数回でいいので続けてみてください。あなたの声は確実に優しく温かになっていきます。

自分の声をスマホで録音して聞いてみるのも、いい方法です。

「音階アプリ」で声の抑揚をチェック

さらにやる気があるのなら、スマホで**「音階アプリ」**というものをダウンロードして、自分の声の音程を確認することもおすすめします。

感じのいい声は、やや高音で語尾が上がるのが特徴です。そして**抑揚《よくよう》がはっきりしている**もの。一本調子で語尾が下がる話し方になると、受け取る側の気持ちもはずみません。

「音階アプリ」を使うとけっこう面白いので、抑揚のある声を習得できるのが早くなることでしょう。

日常使うことが多い「ありがとう」や「ごめんなさい」の言葉も練習してみてください。


鏡や「音階アプリ」を使って練習を重ねたら、いよいよ人間に対してあなたの声を届ける本番です。

家族や友人、会社の同僚に「おはよう」や「ありがとう」を言う時に、温かな声が出ているかどうか感じ取ってください。

何百回も練習すると、ふだんのあなたの声に人を安心させる音や表情が加わるようになります。あなたの言葉に相手の表情が緩み、微笑むようになれば、あなたはとても「感じのいい人」になれたのです。

5

「豊かな表情」は人の輪にスッと入るパスポート

さあ、いよいよ人の印象を最も強く形作る、③**「表情」**のトレーニングです。

「表情が豊かな人」は心の内がわかりやすく、一緒にいても安心できます。そして、その優しさや朗《ほが》らかさが人に伝わり、まわりの人の気持ちまで穏やかで平和にしてくれるのです。

この表情を豊かにする決め手は、「ふだんからどれくらい顔の筋肉を使っているか」です。

つまり、今「自分って、無表情だよな」と感じている人も、トレーニングを続けていけば、必ず表情が豊かな人になれるということです。

眉毛、口角、目元——動かすとどんな顔に？

表情のトレーニングは、けっこう楽しいものです。

笑った顔ばかりでなく、怒った顔、悲しい顔、困った顔など、様々な表情を作る練習をしてみましょう。けっこう面白いですよ。

眉毛《まゆげ》を上下に動かし、口角《こうかく》を上げ下げし、口元をぎゅっと引き締めたり、緩めたり、すぼめたり、目を開いたり、細めたりすることで、表情がどんどん変化します。

どこをどう動かすと、笑顔になり、怒りの表情になるのか。また微妙な表情を作るにはどこを動かせばいいのか。自分で鏡を見ながら、確認しておくことも大事です。

上達してきたら、真顔から怒り顔、そして満面の笑顔へとゆっくりゆっくり変化させてみましょう。その逆もやってみてください。

これが楽しいものだと感じるようになれば、あなたにもやがて自然で豊かな表情が宿ることでしょう。

この時、「鏡を見て笑うだけで人は幸せを感じられる」ということも自覚してください。他人と顔を見合わせて笑えば、もっと幸せを感じることができますよ。

前の項目で「アイ・コンタクトの取り方」と「優しい声の出し方」を別個にお伝えしましたが、「豊かな表情」を意識しながら、この二つを同時に行なうと、より効果が増します。

鏡で自分の瞳を見て、笑顔になり、そして「こんにちは」や「ありがとう」を言うと、目も、声も、表情も、三つ全てが優しく温かなものに変わります。

毎日、この練習を重ねていけば、「最近、楽しそうね」と人から言われるようになります。そうなったら、人の輪の中に入ることなど造作《ぞうさ》もなくなるはずです。

6

人と会った時、顔の横で手を振ってみる

次に、「感じのいい人」が使っているコミュニケーション手段の四つ目、**「態度」**についてて見ていきましょう。

コミュニケーションが豊かな人に顕著なのが、**身振り手振りが大きい**ことです。

自分の考えや気持ちを最大限に伝えたいので、体全体を使って表現したくなるからでしょう。

反対にコミュニケーションに自信のない人は、身振り手振りが小さくなりがちです。

自分の気持ちを表現して、相手が受け入れてくれなかったら傷ついてしまうかも……という不安がそうさせるのだと思います。

ここで自分を変えるために、一つ奮起してみる気はありますか？

身振り手振りの中でも、人に好印象を与えるしぐさである**「手を振る」**ことにチャレンジしてみてほしいのです。

しかも、顔の横にまで手を上げて、手を振ってみましょう。あなたの相手に対する好意が十分に伝わります。

意外なほどに「相手の心を揺さぶる」効果

コミュニケーションが苦手な人にとっては、顔の横まで手を上げて振るなんて、とても勇気のいることかもしれません。

そういう人は、まず鏡に向かって自分に手を振ってみてください。

その姿を見て「いけてる」と感じたら、次にペットのいる人は彼らに手を振ってみます。

ここまでは、何とかできるのではありませんか？

次は、いよいよ家族を相手にチャレンジしてみます。小さなお子さんがいる方は、ぜひ手を振って「行ってらっしゃい」を言ってあげましょう。離れたところから帰ってくる姿を見つけたら、手を振って「おかえり」と言ってみます。

そして、それを夫や妻へと広げていきましょう。

まだ家族のいない人は、ごく親しい友人や、飲食店の人が見送りをしてくれた時にやってみてください。

初めのうちは、手を上げて顔の横に手の平をかざすだけでもかまいません。

それだけでも、相手もあなたに手を上げて返事をしてくれるケースが出てきます。

そんな何気ない振る舞いが、けっこう心を揺さぶることに気づくはずです。その時は、自分のコミュニケーション力が上がっていると認めてあげてください。

7 あなたが出会う人は、あなたを映す鏡

コンビニ、パン屋さん、銀行、病院の受付、スーパーのレジなどで、私たちは様々な表情に出会います。

そこであなたは、どんな態度や表情を向けられることが多いですか？

明るく朗らかな笑顔でしょうか。それとも表情の乏《とぼ》しい、何の感情も伝わってこない顔でしょうか。

実は、あなたが出会う顔は、あなたが他人に向けている顔でもあるのです。それがまるで鏡のように、あなた自身に返ってきているのです。

ということは、ふだんから人とアイ・コンタクトを取り、温かな声で「おはよう」

や「ありがとう」を伝え、人懐っこい笑顔を向けている人には、常に太陽のような明るい表情が向けられるということです。

すると、自然と心ははずみ、表情はますます明るくなることでしょう。

反対に、人の目を見ることも少なく、低く小さな声で話し、表情の乏しい顔を向けている人には、冷たく無機質な反応しか返ってこないということです。

すると、世界は冷淡で喜びの少ないところだと思い込むようになるかもしれません。

自分の住む世界を「明るく朗らか」に変えていく

実は、**自分の住む世界を明るく朗らかにするのも、冷たく無機質にするのも、あなたのコミュニケーション次第**なのです。

住む世界が明るく朗らかならば、笑うことも自然と多くなり、健康になれます。お金回りだってよくなるのです。

そして、まわりに集まってくる人も、陽気でコミュニケーション上手な人ばかりになっていきます。

これまで「鏡を使って、感じのいい表情や態度を作る練習」についてお話ししてきました。そして、これらは全て「自分の住む世界を、明るく朗らかに変えていく練習」でもあったのです。

さらに、もし、家族の表情が乏しく幸せそうでないのなら、それは急を要する事態です。家族の表情が暗いのならば、あなたの運勢もお金回りも、どんどん悪くなります。

ですから、鏡を使った練習に身を入れて、真っ先に家族と「感じのよいコミュニケーション」を行なうようにしてください。

きっと、「いいこと」がたくさん待っていますから。

コラム

人の輪の中に入る時は「NO」と言う力も必要

ここまで読み進めてきて、人の輪の中に入る力がついてきたあなた。すると、新しい心配が芽生えます。

たとえば、知り合った人たちから、意に沿わないお誘いなどを受けた時はどうしたらいいのでしょうか。

これまで「イヤだな」と思いつつ、出かけていた人も多いでしょう。

でも、人の輪の中に入る時には、「NO」と言う力も絶対に必要になってくるのです。

そこで、今ここで、上手に「NO」を伝える力をつけておくことにしましょう。そうすれば、もう新しい人間関係も怖くはありません。

「ごめんなさい」と言えば、もう断ったことになる

ビジネスマンであれば、「ゴルフを始めませんか」と言われることもあります。

お子さんのいる方であれば、ママ友から「保護者会の役員を引き受けてほしい」とお願いをされたり、高額なランチ会に誘われたりすることもあるでしょう。

こういう時に「NO」が苦手な人は困ってしまいます。話を聞きながら、「何と言って断ろうか」などと悩み、適当な理由が見つからないと弱気になって、押し切られてしまうことになります。

いつもこんな調子では、怖くて新しい人間関係に入っていけません。

まず、「上手な断りの理由」を考える必要などありません。

断りに理由などいらないと覚えておいてください。

相手の話が意に沿わないものであっても、弱気になると断れなくなります。

ですからまず、あなたがするのは**「断ろう！」と強く決意すること**です。この心の強さを養いましょう。

そして「ごめんなさい」とか、「申し訳ないです」と言ってしまえば、話はもう終わり。ほとんどの人は、この言葉で「そう」と言って話を終えてくれます。

そういう人は、あなたの気持ちを大事にしてくれる、とてもいい人です。

しかし、中には「どうして？」と食い下がってくる人もいます。理由があればそれを伝えてもいいですが、言いにくい場合は「理由は勘弁して」と言えばいいのです。

断りには相手の同意も、理由もいりません。あなたには、「したいことをして、したくないことはしなくてもいい」権利があるのですから。

それで相手があなたから離れていくようであれば、それだけの人だったのです。早く関係を終わらせることができてよかったと思ってください。

「悪徳商法」や「宗教の勧誘」はこれで撃退

もしも新しく出会った人の中に、ネットワークビジネスや宗教の勧誘をしてくる人がいたら、どうしましょう。こんな時こそ、きっぱりと「NO」を言う力があなたを助けてくれます。

まず怪《あや》しげな人というのは、誘いの言葉があいまいなものです。

「あなたに会わせたい人がいる」「とてもいいお話があるの」と、そんな言葉でどこかに連れていこうとするのは、きまって勧誘です。そんな言葉を聞いたなら、

「どこで何があるのか、はっきりしなければ行けません」

ときっぱり断ってください。

不覚にも相手の誘いに乗ってしまったら――

それでも成り行き上、相手の誘いに乗ってしまう場合もあるでしょう。

どこかの事務所に連れていかれたら、バッグなどの荷物は手元に置くこと。預けると帰りにくくなります。

そこで、「今日ご紹介したいのは、新しいビジネスのお話です」「地球はもうすぐ滅《ほろ》びる運命にあります」などという話が始まったら、弱気でいてはいけません。

「そういうお話でしたか。それでしたらお断りします」

ときっぱり言って、立ち上がりましょう。話を最後まで聞く必要はありません。それがあなたの意思表示です。また、相手があなたの体に触って止めようとしたら、

「これは監禁ですか？」

と尋ねてください。そして、さっさとその場を去ることが大事です。

必殺の営業殺しトーク

もし、それが何かよからぬ営業であった場合。彼らは、あなたの断りの言葉に切り

返しのトークを用意しています。

「お金がない」と言えば「ローンがある」、「誰かに相談したい」と言えば「あなたの大事な人生の決断を他の人に委《ゆだ》ねるのか」などと、あなたの気持ちを挫《くじ》きにくるのです。

そこで「何が理由でためらっているの？」と聞かれたら、必殺の営業殺しトーク。


「それは言えない」

「言う必要もない」

「とにかく断る」


と言って立ち上がればいいのです。

断りの理由がないと営業の人は切り返す取っ掛かりがないので、それ以上、踏み込んでこられません。

「NO」と言う力を身につけていれば、どんな人間関係も恐れる必要はありません。

8章

「幸せ光線」出してみませんか？

……「いいこと」が次々起こってしまう話し方

1

「まわりに笑顔を広げられる人」の秘密

コミュニケーションが苦手な人は、大事なことに気づいていない可能性があります。

それは、**自分には他人を幸せにする力がある**ということ。

たとえば、女子ゴルフの渋野《しぶの》日向子《ひなこ》さんや、メジャーリーガーの大谷翔平選手はテレビを見ているだけで、こちらの気持ちも明るく楽しくなりますね。彼らのまわりには自然と人が集まってきて、どんどん笑顔が広がっていきます。

そんなことが、あなたにもできるって、知っていましたか？

そう！　あなたにも渋野日向子さんや大谷翔平選手の輝きが持てるのです。

もしそうなら素晴らしいことでしょう。

7章でお伝えした、優しいまなざし、温かい声、笑顔、人を歓迎するしぐさは、**相手に安心感と幸福を与えるための練習**だったのです。

感じがいい人たちは、自分に人を幸福にする力があることを知っています。自分のしたことで相手が幸せを感じてくれる。それがうれしいから、あんなに温かな対応ができるのです。彼らは全身から、溢《あふ》れるほどの喜びや慈《いつく》しみを放っています。

それらの感情や思いやりの気持ちが、彼らを輝かせるエネルギーになっているのです。

人に「取り入ろう」とする企みはたいていバレてます

人に取り入るために偽《いつわ》りの笑顔を弄《ろう》する人もいますが、それはやはり他人に違和感を与えてしまいます。その企みは、ほとんどの人にバレているのです。

本当に感じのいい人は、他人から何か自分の得になることを引き出そうとしているのではなく、本当にうれしいから笑顔でいます。なぜなら、人に感じよく接すると、その温かさが自分を包み込み、自分を幸せにするからです。

彼らは「人に優しくすることは、自分に優しくすること」であると、よく知っています。

このことを知らなくて人との関係を遠ざけている人には、本当に「お気の毒」としか言いようがありません。

もしあなたがキラキラと輝いて、それが他人を幸せにすると知ったら、この力を使わないと損だと思うでしょう。

自分には人を幸せにする力があると思い、温かい気持ちで人と接するようになれば、たくさんの人があなたのまわりに集まり始め、笑顔が溢れ出し、素敵な出来事がたくさん起こるようになります。

2

努力不要で「お得なこと」ばかり人生に呼び込むコツ

世の中には、会ったとたんにうれしくなる人もいれば、何かされたわけでもないのに怖いと感じる人もいます。また、何の感情も感じられない人もいるものです。

そして、会ったとたんにうれしくなる人が発している幸せオーラ（渋野日向子さんや大谷翔平選手から感じるものです）を、私は**「幸せ光線」**と名づけました。

その人に会うと、不思議に幸せを感じるからです。

「幸せ光線を放っている人」になれたら、人の輪に入るなんて、もうたやすいもの。

努力しなくても輪の中の人たちから、「私たちの中に入りませんか」と声がかかります。

歩いているだけで「おはよう」「こんにちは」と挨拶してもらえますし、お店では特別にサービスしてもらえます。

生きていて、とにかく得なことばかり起こるのです。

それは幸せを感じた人から、あなたへのお返しなのでしょう。

あなたのまとう雰囲気をガラッと素敵に変えるには

その人がまとっている雰囲気は、その人が日頃から一番使っている感情から生まれると私は思っています。たとえその感情を言葉や態度で表わさなくても、その感情はむんむんと体から溢れ出して他人に伝わるのです。

あなたの日常の心の状態が、あなたから放たれる光線を決めているのです。

面白いことに、私たちは他人の出している光線はすぐに感じ取れます。でも、自分がどんな光線を出しているのかは、わかっていません。

ただし、自分と会った時の他人の反応で推《お》し量《はか》ることは可能です。あなたに向けられる表情は、あなたの表情だと考えていいからです。

では、幸せ光線を出すためには、どのような感情を心に抱いていればよいのか、ということですが、それは**ふだんから他人に対して愛情を持つこと**に極《きわ》まります。

ちなみに、雰囲気がとても怖く他人が寄ってこない人は、実は他人をとても恐れている人です。拒絶されることを心底怖がっているので、その恐れが体から出てしまうのです。

実は、「なじんでしまえば、いい人」と言われることが多いのも、こういう人の特徴。誤解されることもよくあるので、人生で損をすることも少なくありません。

そして、何の感情も伝わってこない人は、他人に無関心な人。現代人で一番多いタイプです。

では、どんな振る舞いが「幸せ光線」を出すことにつながるのか、お話を続けてまいりましょう。

3
いつも「見返り」を期待しない温かな気持ちで

自分とは何の利害関係もない人とも、温かなコミュニケーションができる人。

これこそが「幸せ光線」をいつも出している人です。

相手がお客さんだとか、えらい人ならば、誰だって気を使って愛想よく振る舞えます。

それは「見返り」を期待しているからで、本当の温かさとはほど遠いもの。

本当に温かな人は、見返りなんて期待できない人、自分とは無関係の人にも優しく朗らかに接しています。

さて、あなたは見知らぬ人に対して、どんな気持ちで接していますか？

他人に無関心な人は〝棘のある光線〟が出ている？

私たちがひんぱんに接しているのに自分の利害とは無関係な人というと、まっ先に頭に浮かぶのはコンビニの店員さんではないでしょうか。彼らからは見返りなど、ほとんど期待できません。

だからこそ、彼らへの接し方に、**その人の地金《じがね》（本性）が出る**のです。ちなみに、あまりなじみのないお店、なじみのない店員さんに対してどう接するかに、あなたの人間性（温かな人柄であるか）が最も表われます。

知らない店員さんに温かなコミュニケーションを心がけるようにすると、やがてあなたからも「幸せ光線」が放たれるようになります。

まず、入店した時。店員さんから「いらっしゃいませ」と声がかかったら、その人に軽くアイ・コンタクトを送ってみましょう。

そして立ち止まり、軽く会釈します。

この時「こんにちは」とか「おはようございます」と言うほうがいいかと思うかもしれませんが、現代の日本ではしないほうがいいでしょう。そういう人は世の中にあまりいないので、店員さんがドン引きする恐れがあります。

何しろ、やってみた私が言うのですから間違いありません。おそらく業者の人と勘違いしたのでしょう。中に向かって「店長！」と呼びかけていましたから。

体を少し店員さんに向けて軽く会釈をするだけでも、相手にはうれしい接し方です。

コンビニの店員さんもあなたと同じ人間。冷たく扱われれば、やはり悲しいものです。

お金を投げるように渡す人や、商品の受け渡しの間もずっと携帯で話したりしている人からは、ふだんも当たりがきつく棘《とげ》のある光線が出ていて、その人の人間関係に大きく影響していることでしょう。

この事実を知ったら、もう他人に冷たく無関心ではいられないはずです。

4
コンビニのカウンターで「このひと言」が言えますか

次は商品の受け渡しの時のコミュニケーションです。

他人と「言葉と気持ちのやり取り」をした数だけ、あなたのコミュニケーション力は高まり、それにつれて「幸せ光線」の輝きも変わります。

商品をカウンターに置く時に、

「お願いします」

と言ったことがあるでしょうか。私が教室でこの提案をすると、のけぞる人もいます。

「金を払うほうが、何でそこまでする必要があるのか」ということらしいです。
「とても奇特なこと」のように感じる人もいるでしょうが、国外に目を向ければこのような対応をする人が標準で、ものも言わずに買い物をして立ち去る人は〝不審者〟なのです。

相手が誰であれ、袖振り合う程度の仲であっても、「こんにちは」「ありがとう」と言って気持ちよく接すると、その温かさが自分を包み込み、自分を幸せでいい気分にしてくれます。

気軽に「お願いします」と言える方法

私も二十代の頃は、お店の人に「お願いします」などと言う時には、すごくドキドキしたものです。

コミュニケーションが苦手な人ならば、緊張して言葉がのどで詰まる思いをするかもしれません。そんな方のために、アドバイスをしましょう。

レジに向かう時に、店員さんにぼんやりとした視線を送り、「今からレジに行きますよ」という態度を見せます。

するとお店員さんのほうも「来るのだな」と感じて、受け入れ態勢を整えます。そして「いらっしゃいませ」と言葉をかけてくれるのです。

すると、こちらも気が楽になって、自然な声で「お願いします」と言えるようになります。

これも経験を重ねていくと、緊張もなくなり、声もふだんのものになっていきます。あなたの温かな声や態度を受けて、店員さんも同じような温かさで接してくれるようになります。

コンビニというただ便利なだけだった場所が、あなたの力で「幸せな空間」に変わるのです。やりがいがありますよ。

5 粋な大人は「ありがとう」の言い方がすごい

コンビニを利用したコミュニケーションのトレーニング。

最後は商品を受け取った時です。

やはり、会計をすませた後は「ありがとう」と言って立ち去りたいですね。それも温かな「ありがとう」を店員さんに送ってあげましょう。

初めのうちは緊張してしまって、愛想のない「ありがとう」になるのは当然です。そのことで自分を否定しないようにしてください。

あなたは「幸せ光線」の輝きを増す第一歩を踏み出したのですから。


なお、コンビニでは相手の顔を見て言葉をかけるのは、控えるほうがいいでしょう。

お互いの距離が近いと、はっきりしたアイ・コンタクトを負担に思う人も多いものです。

特に相手が異性である場合は、誤解を受ける恐れもあります。

ここは、「やわらかな表情」と「温かな声」の出番です。きっと鏡を見て基本練習を重ねてきた成果が出るはずです。

緊張のあまり、商品を受け取る時に「ごちそうさま」などと言わないように。私がやってしまったことですけれど。恥ずかしかったですよ。

意識しないでもスッと言えたら最高

こういうことに初めてチャレンジする人も多いかもしれません。日頃し慣れないことをするとなると、誰だって緊張します。

まして相手のあることです。自分のしたことに相手がどう反応するかわからないのですから、レジ前に並んだ時は、きっと緊張することでしょう。

このドキドキが激しい場合、その日のチャレンジは見送りにしてもかまいません。

手痛い失敗は、チャレンジを継続する気力を削《そ》いでしまうものですから。
初チャレンジの時は、見るからに優しそうな年配の女性や、表情が豊かな同性を選ぶといいでしょう。あなたの優しさを受け止めてくれそうな人なら、「ありがとう」を言いやすいはずです。

店員さんに冷たい態度を取る人や、傷つける言葉を投げかける人もいる中で、「ありがとう」と言ってくれるお客は少ないもの。店員さんも心の中で喜んでくれることでしょう。

意識しないでも店員さんに、「お願いします」や「ありがとう」が言えるようになれば、あなたも粋な大人の仲間入りです。

一つ「ありがとう」を言うたびに、あなたは一つ優しくなれるでしょう。

6 知らない人とエレベーターに乗る「気づまりな雰囲気」の解消法

エレベーターで知らない人と二人きりになることに抵抗感のある人は多いようです。あんなに狭い空間に知らない人と二人きりになるのです。気づまりなのもよくわかります（深夜に怖そうな人と二人きりで乗るのはイヤというようなケースは、ここでは除きます）。

エレベーターの中は、どうしてあんなに居心地が悪いのか。それは、あなたが心の中で相手を思い切り拒絶しているからでしょう。その拒絶感が自分の心をチクチクと刺すのです。

この解消法は、ただ一つ。何らかの声かけを、その知らない人にすることです。

後から乗るなら「お邪魔します」の声かけを

知らない人と一緒にエレベーターに乗り込む時、あなたが**後から乗るのなら「お邪魔します」と声をかける**という手があります。

途中階から乗り込む時も、すでに乗っている人たちに「お邪魔します」と声をかけます。

すると「どうぞ」と言ってくれる人もいるし、会釈だけを返してくれる人もいます。これだけでもほっとした雰囲気が、エレベーターの中に流れるものです。ひと声かけ合うだけで、互いの心の奥にあった拒絶感が払拭されたからでしょう。

これまでは、あなたが何も言わずにエレベーターに乗り込んでいたから、感じが悪かっただけだったのです。

住んでいるマンションのエレベーターを待っている時に、後ろから人の足音が。「ああ、誰かと乗るのか、イヤだな」と思うのなら、ここでもひと声かければ気分が楽になります。

振り返って「こんにちは」と言えれば一番いいでしょう。もしタイミングがうまく取れなくて、言いそびれてしまったら、次のチャンスはエレベーターに乗り込む時。先に入って振り返ると顔を見合わせることになりますから、その時に「こんにちは」と言い、「何階ですか?」と尋ねてみましょう。

もうそれだけで雰囲気はガラリと変わります。

逆に、もしあなたが「何階ですか?」と聞かれたら、「○○階をお願いします」などと告げ、「ありがとうございます」と言うと、その場の雰囲気がよくなるものです。間違っても無造作に自分で行き先階のボタンを押さないように。

よく知らない人にも温かく接する。この姿勢を続ければ、あなたの幸せ光線の輝きはより明るくなることでしょう。

7

「自分が放っている光線」に、あと少し意識を向けてみる

私たちの生活の中には、その気になりさえすれば、知らない人とのコミュニケーションの機会はいくらでもあります。

それはありふれた日常の中で、多くの人が切り捨てているコミュニケーションかもしれません。

たとえば、街頭でティッシュを配る人に、「ありがとう」と声をかけている人は稀《まれ》でしょう。でも、それも一つの人との出会いであり、ふれあいでもあります。

そして彼らはティッシュを渡す時にほぼ無視されて、そのことに立ち向かっているのです。あなたの**「ありがとう」に励まされ、元気をもらえる**ことでしょう。

いらない時は手を上げて、「ごめんなさいね」と優しく言葉をかけてあげてくださ い。

「感謝とねぎらい」の言葉を出し惜しみしない

ティッシュ配りと同じように、居酒屋や美容室のチラシ配りも過酷な仕事です。ほとんど無視され、時にひどい言葉を浴びせられることもある仕事。

「ありがとう」「ご苦労さま」と言葉をかけると、中には「えっ!」と驚いたような反応をして、それからとても感謝してくれることもあります。

これ以外にも、チャンスはいくらでもあります。

交通整理や警備の方に「ありがとうございます」と声をかける。

宅配業者の人とマンションや自宅近くですれ違う時、「ご苦労さま」と声をかける。

飲食店でお金を払う時に「ごちそうさま、美味しかったです」と伝える。

自転車に乗っている時に、歩行者に「ごめんなさい、通ります」と伝え、道を開けてくれたら「ありがとうございます」と言う（歩道でベルを鳴らすのは法律違反、罰金を科されます）。

気持ちを伝えるチャンスはどこにでも転がっています。その時々、折りにふれて、あなたの気持ちを伝えてください。

「面倒くさい」と思う人もいることでしょう。でも、その時の**自分の態度、気持ちが、自分が放つ光線の質や温度を決め、その光線に同調するような人たちや出来事を招く**のです。

8 人生を「お得に過ごせる」人になろう

洋服などの買い物をする時、お店の人に話しかけてほしくないという人が増えています。

何でも「専用のバッグを手にかければ、店員は話しかけない」というお約束のある店まであるとか。

でも、そのお店の洋服の知識が一番豊富なのは、間違いなく店員さん。彼らに助けてもらうのが、いい買い物ができる条件のはずです。

多くの人が、彼らと話をすると「商品を売りつけられる」と思い込んでいます。でも、店員さんのほとんどは歩合《ぶあい》制ではありません。彼らの一番の喜びは、似合いの服を選んでお客様に喜んでもらえること。

だから、「いいものを見つけて差し上げたい」と願っているのです。

「堂々と楽しみ、明るく伝える」プラスの効果

もちろん感じの悪い店員さんと仲良くなる必要はありません。きっと、あなたの好きなタイプの「感じのいい店員さん」もいるはずです。

「この人、感じがいいな」と思える店員さんが近寄ってきたら、あなたから機先《きせん》を制して「こんにちは」と言ってみましょう。

「なぜ客から挨拶を！」と思うかもしれませんが、店員さんからすると完全にペースを握《にぎ》られる思いのはずです。

いろいろと服を見せてもらって気に入るものがなければ、

「今日はたくさん見せてくださってありがとうございます。また見に来ますね」

と言ってお店を後にすればいいでしょう。

試着して気に入らなかったら、試着室から出るタイミングで、

「残念！　似合いませんでした」


と明るく言えば、簡単に断れます。

店員さんも、接客した全ての人が購入するわけではないと、よくわかっています。

それに店内にあなたというお客さんがいることで、他のお客様が「入店してみようかな」と思う可能性も高まるのですから、いいことずくめ。買わなくても十分、お店の役に立っているのです。

だから、堂々とショッピングを楽しんでください。

お店の人と仲良くなると、店頭には出していない商品を見せてくれることもあります。また、「このお客様なら、あのブラウスとパンツを合わせたらお似合いだろうな」などと考えてくれることだってあるのです。

どんなところでも「いい関係」が作れる人になれたら、人生をお得に過ごせます。

コラム

「あなたのお客さんになりたい！」と思ってもらえる人

ショップ店員さんと仲良くなる方法をお伝えしたので、ついでにショップ店員さん向けのお話もしておきましょう。

お客様が店員さんと話したくないのは、店員さんのアプローチが下手だからだな、と思うことがしばしばです。

たとえば、お客様が店に入るとそっと後ろから近づき、商品を手に取った瞬間に「そちら、綿の素材ですね」などと声をかけてくること。

「知ってますから」とお客様は思い、わずらわしさを感じるのです。

そこから聞いてもいない商品の説明が始まって、無駄な時間を使わされるのも困りもの。

おそらく、「何でもいいから話しかけて、客の足を止めろ」と指導を受けているのでしょう。

お客様が入店したら、「いらっしゃいませ」よりも「こんにちは」のほうが自然でしょう。

あなたがショップの店員さんであったら、離れたところから温かなアイ・コンタクトを向けて「こんにちは」と言ってはどうでしょうか。離れたところから声をかけてもらえると、お客様も安心なもので、軽い会釈ぐらいは返してくれるでしょう。

それだけでも気持ちは通じています。

「今日はお休みですか？」は✖。
「急に温かくなってきましたね」は◎

会話も、「今日はお休みですか？」のように会話のためだけの質問は、お客様の気持ちを萎《な》えさせます。

「急に温かくなってきましたね」
「秋めいてきましたね」

といった季節や天候に関する会話のほうが、お客様も「そうですね」と返答しやすく、店員さんの側も商品の話に入りやすいものです。

そこから、

「もう長袖の季節ですね」
「どうぞたくさんご覧になっていってください」
「気になるものがありましたら、ご案内させていただきます」

と、言葉をかけていきます。

このように、お客様に「買わなくてもいいんだ」という安心感を与えながら商品を見せると、スムーズにことが運ぶ、つまり、お客様を逃さないですむのです。

ショップでの会話を拒否するお客様がいるのは寂しいものがありますが、それは店側のコミュニケーションにも問題があるように感じます。

今はとにかく、日本中が知らない人同士のコミュニケーションに不慣れになってしまって、お互いにストレスを抱えているのです。

もっと素敵なコミュニケーションができる日本人が増えて、街中が「幸せ光線」でいっぱいになれば、生活も楽しくなると私は思います。

おわりに

あなたに素敵な出会いと幸福が訪れますように

桜の木の下で、幼子を抱いた夫婦が写真を撮り合っていました。迷惑かもしれないとは思いましたが、思い切って「三人の写真、撮りましょうか」と声をかけてみたのです。

すると「お願いします」と、うれしい返事がもらえて、去り際《ぎわ》には男の子が可愛く笑ってバイバイと手を振ってくれました。

人と関わると、こんな小さなことでも幸福を感じることができます。

さらに、親しみを感じる人々が集まると、思いもかけないほどのパワーを発揮できるのが私たち人間です。同時に、多くの人が集まると、画期的なイノベーションさえ生み出す才能を私たちは持っています。

愛し合う家族、親しみのある地域社会、信じ合える職場は、人間に幸福と裕福《ゆうふく》をもたらすのです。

知らない人とはしゃべってはいけないという法律でもあるかのような、よそよそしく冷たい反応しかできない日本人が増えているようです。

でも、きっと近いうちに私たちは「大事なこと」を思い出すでしょう。そして、またつながりを取り戻し、輝く社会を創り出すことができるようになるはずです。

本書がその魁《さきがけ》になれれば、著者としてこんなにうれしいことはありません。

どうかあなたにも、素敵な出会いと幸福が訪れますように。

その時は、出会った人に、いっぱいの笑顔で「こんにちは」と言ってください。

野口　敏

人《ひと》の輪《わ》の中《なか》にスッと入《はい》れる話《はな》し方《かた》

著　者――野口敏（のぐち・さとし）
発行者――押鐘太陽
発行所――株式会社三笠書房
〒102-0072 東京都千代田区飯田橋3-3-1
電話：(03)5226-5734（営業部）
：(03)5226-5731（編集部）
https://www.mikasashobo.co.jp
印　刷――誠宏印刷
製　本――若林製本工場

編集責任者　長澤義文
ISBN978-4-8379-2948-2 C0030